La RUTA DIVINA

La RUTA DIVINA

BRENDA KUNNEMAN

CASA
CREACIÓN

La mayoría de los productos de Casa Creación están disponibles a un precio con descuento en cantidades de mayoreo para promociones de ventas, ofertas especiales, levantar fondos y atender necesidades educativas. Para más información, escriba a Casa Creación, 600 Rinehart Road, Lake Mary, Florida, 32746; o llame al teléfono (407) 333-7117 en Estados Unidos.

La ruta divina por Brenda Kunneman
Publicado por Casa Creación
Una compañía de Charisma Media
600 Rinehart Road
Lake Mary, Florida 32746
www.casacreacion.com

Originally published in the USA by Destiny Image
Shippensburg, PA, under the title: *The Roadmap to Divine Direction*
Copyright © 2011- Brenda Kunneman
All rights reserved

Visite la página web de la autora: www.ovm.org

Traducido por: Pica6
Director de arte: Bill Johnson
Diseño de la portada: Justin Evans

Library of Congress Control Number: 2011943332
ISBN: 978-1-61638-516-3

Impreso en los Estados Unidos de América
11 12 13 14 15 * 5 4 3 2 1

DEDICATORIA

Este libro está dedicado a la hermosa familia de la iglesia Lord of Hosts Church de Omaha, Nebraska, que siempre me da todo su apoyo y trabaja duro para establecer la voluntad de Dios en su vida.

CONTENIDO

INTRODUCCIÓN

Si usted ya ha estado sirviendo a Dios durante algún tiempo, probablemente ha buscado la voluntad de Dios para su vida en muchas ocasiones, y, seamos sinceros, en algunas de ellas parecía estar jugando a las adivinanzas. A causa de haber pasado la mayor parte de mi vida adulta en algún puesto en el ministerio, he llevado a cabo numerosas búsquedas para encontrar la voluntad de Dios; no solamente para mis propios asuntos, sino también para ayudar a otros a hallar la voluntad de Dios. Aquellas búsquedas van desde problemas en la crianza de los hijos, hasta la toma de decisiones permanentes, planes en el ministerio, relaciones con otras personas e incluso cosas cotidianas. Ha habido situaciones en las que sentí que encontrar la voluntad de Dios no era más que un juego aterrador de adivinanzas. ¡Otras veces al terminar el juego, he sentido que me perdí completamente de la voluntad de Dios! Pero también ha habido aquellas ocasiones en las que ninguna opinión, ningún desafío ni tormenta han logrado desvanecer lo que creo ser la voluntad de Dios y la he llevado a cabo de una manera sobrenatural.

Sin importar el escenario que se presente, uno de los peores sentimientos que cualquier creyente pueda tener es perderse de la voluntad de Dios de alguna manera. Ya sea que ese sentimiento haya surgido por haber tomado una mala decisión deliberadamente, o porque nadie desea cuestionarse si está o no bajo la voluntad perfecta de Dios. Sin embargo,

un sentimiento todavía peor es saber que se ha perdido de,
o ignorado, la voluntad de Dios y que ahora se encuentra
intentando reparar las circunstancias presentes que surgieron
como consecuencia de tal hecho. Nadie desea estar fuera de la
voluntad de Dios, ya que estar fuera de ella significa perderse
de sus mejores bendiciones.

En algunos casos, la gente trabaja tan duro por encontrar la voluntad de Dios, que se obsesiona y exagera en su
intento por encontrarla. A menudo comienzan a buscarla en
los lugares equivocados o comienzan a utilizar recursos poco
confiables. Algunos creyentes incluso han rayado en lo ilu-
sorio al tomar en cuenta acontecimientos que creen ser la
luz de Dios guiándolos, y como consecuencia, se han abierto
a espíritus malignos. Otros luchan tanto por descubrir la
voluntad de Dios que se agotan a sí mismos hasta frustrarse.
No pueden encontrar la paz que Dios les está dando y conti-
nuará dándoles.

Lo que necesitamos saber es que aprender a encontrar y
seguir la voluntad de Dios es vital para ser un cristiano fruc-
tífero. Simplemente no podemos salir adelante sin ello. La
verdad es que muchos de nosotros no invertimos el tiempo
necesario en esta área; por lo tanto, nos resignamos a seguir
ese juego de adivinanzas que nos gustaría saber con desesperación cómo evitar.

Esta no tiene por qué seguir siendo su historia. Existe una
ruta para encontrar la dirección divina de Dios en cualquier
circunstancia de la vida. Sinceramente, nadie puede encontrar la ruta por usted, ¡aunque eso pudiera parecer más fácil
a veces! Existe una ruta, y Dios desea guiarlo hoy, pero usted
tiene que aprender cómo leer el mapa.

Creo que este libro lo llevará hacia un camino seguro para

encontrar la voluntad de Dios, no solamente para su destino en la vida, sino también para su vida *diaria*. Incluso en aquellas situaciones difíciles en las que no sabe qué hacer, usted puede seguir la voluntad de Dios al poner algunos consejos en práctica. Usted *puede* aprender a encontrar la voluntad perfecta de Dios en toda situación por medio de escuchar a Dios a través de las Escrituras, de las circunstancias, de otras personas o, incluso, de la voz misma de Dios en su interior.

Cuando surjan preguntas comunes como: "¿Debo aceptar ese empleo?", "¿Debo comprar esa casa?" o: "¿Debo tomar esa medicina?", Dios desea que vayamos más allá de esas dudas y que aprendamos a encontrar tranquilamente su dirección divina.

¡La Biblia dice que la sabiduría da voces junto al camino! (vea Proverbios 8:1–3). En otras palabras, la voluntad de Dios y todas las respuestas sabias no son difíciles de hallar, están frente a nuestros ojos, pero debemos saber dónde y cómo buscarlas.

Antes de leer los principios contenidos en este libro, comencemos con una oración. Creo que sucederá algo sobrenatural en usted que lo hará recibir dirección divina de una manera única. Confiemos juntos en Dios que usted tendrá la seguridad de encontrar su voluntad en cada situación.

Amado Padre Celestial:

Sé que tienes un plan para mi vida y una palabra de dirección para todo cuanto enfrento. El deseo de mi corazón es seguirte en cada circunstancia. Señor, deseo conocer tu voluntad en todo cuanto concierne a mi vida. Te pido que me reveles mi propósito y mi destino. Asimismo te pido que me muestres

tu dirección con respecto a _____
*(una situación particular). Al hacer manifiesta tu
voluntad perfecta para mí, Señor, me someto a ti
en completa obediencia. Elijo seguir tu voluntad
incluso cuando parezca difícil hacerlo. De igual
manera hago un compromiso fresco de obediencia a
tu voluntad basado en la Biblia. Dame la forta-
leza para hacer todo lo que me has pedido. ¡Yo creo
hoy en que no me perderé de tu voluntad para mí
en ningún área y declaro que la dirección divina
y la revelación se manifiestan hoy en mí! En el
nombre de Jesús, ¡amén!*

No dudo que cuando termine de leer este libro, usted
habrá recibido la dirección divina con respecto a aquello
que es importante para usted. Creo en que tendrá más confianza en lo que haga. Esté seguro de que la ruta de la dirección divina de Dios, incluso si su situación es difícil, ya está
obrando en su vida y usted va a conocer la voluntad perfecta
de Dios en todo lo que enfrente. Es tiempo, ¡sí, es tiempo de
dejar las adivinanzas!

Capítulo uno

USTED PUEDE CONOCER LA VOLUNTAD DE DIOS

*Por tanto, no seáis insensatos, sino enten-
didos de cuál sea la voluntad del Señor.*

EFESIOS 5:17

Yo no soy buena con los rompecabezas, especialmente con aquellos de 5,000 piezas para los que casi se necesita un microscopio para distinguir las piezas. De hecho, no me gusta ningún tipo de acertijo, ni sopa de letras, ni los cubos de Rubik, crucigramas o rompecabezas; nada de eso. He intentado jugarlos todos, pero sinceramente, todos se me dificultan. Por supuesto, intento resolver cada nuevo acertijo con una expectativa y fervor determinados, pero todos los intentos resultan en lo mismo. Tomo cada pieza del rompecabezas, o el papel y lápiz, lista para conquistar el juego con mi estrategia en mente, pero siempre sucede lo mismo. Ya sea que no lo puedo resolver en lo absoluto o que me toma siglos terminarlo y normalmente le pierdo el interés.

Creo que mi problema es que me esfuerzo demasiado. Miro y examino cada pieza a detalle. Simplemente observo las piezas del rompecabezas e intento ver dónde encajarían mejor. Las miro una y otra vez comparando el dibujo y las formas. De pronto, ¡sucede! Llega mi momento de revelación. Tomo la pieza y la coloco con emoción en el espacio donde sé que encajará. ¿Qué? ¿No encaja? Sí, eso me sucede a la hora de armar rompecabezas. Entre más intento, peor me siento al no poder resolverlo.

Mi esposo y mi hijo menor, por supuesto, son maestros de los rompecabezas por naturaleza. A decir verdad, eso me frustra. Ya conoce la escena familiar: hacemos palomitas de maíz, servimos refresco, extendemos las piezas sobre la mesa y nos sentamos alrededor. Pieza tras pieza, ellos las colocan en su lugar. Yo busco y busco durante tanto tiempo que cuando finalmente puedo colocar una pieza, la familia, al sentir mi desesperación, me colma de comentarios de ánimo. Incluso me han tratado de enseñar a resolver los rompecabezas cuando comienzan a sentirse mal de ver que no puedo encontrar una pieza que encaje. Sí, ¡ellos dejan de armar su parte del rompecabezas y comienzan a ayudarme! Pero no funciona. Podemos decir que no soy una persona de rompecabezas.

Creo que lo que hace que los rompecabezas sean tan difíciles para mí es que en mi mente los concibo como algo demasiado complicado y quiero terminarlos en poco tiempo. Me preparo, pienso en un plan y una estrategia, miro el juego con la determinación de conquistarlo más rápidamente que todos los demás, pero termino batallando. Al final, dejo que otra persona lo arme, de manera que pueda ver el proyecto concluido y asombrarme del logro una vez terminado. Quiero verlo terminado e ignorar los pasos intermedios. Me gusta disfrutar el magnífico y glorioso momento, y deseo que suceda en un instante.

Creo que esa es la manera en que muchas personas ven la voluntad y el plan de Dios para su vida. En su mente lo conciben como algo muy difícil y como consecuencia no desean realizarlo o simplemente comienzan a llevarlo a cabo con gran escepticismo. Desean ver el resultado sin ver el proceso. Sinceramente, la voluntad de Dios en nuestra vida es como un rompecabezas.

Efesios 5:17 dice: *"Por tanto, no seáis insensatos, sino entendidos de cuál sea la voluntad del Señor".* A primera vista, podemos pensar que este versículo dice que más nos vale conocer la voluntad de Dios a la perfección y recitarla literalmente, asumiendo que eso es lo que significa "entendidos de cuál sea la voluntad del Señor". En realidad, la palabra *entendidos* en este versículo, según la *Concordancia Strong*, significa "armar". Básicamente indica que "armamos" nuestra capacidad de comprender o entender pieza por pieza. Lo que debemos ver es que armar algo conlleva un proceso, y lo mismo sucede al querer averiguar la voluntad de Dios. Normalmente no es un suceso momentáneo, sino algo que se desarrolla con el tiempo, paso a paso.

¿Alguna vez ha comprado un mueble armable? No vemos el producto final en un solo paso. ¡Debemos seguir varios pasos y algunas veces esos pasos incluyen pruebas de ensayo y error! El empaque a menudo incluye instrucciones laboriosas que no parecen ser claras a primera vista. Pero tomamos las piezas, las volvemos a dejar en la mesa y leemos las instrucciones una y otra vez. Examinamos los diagramas. Algunas veces cometemos errores y tenemos que retroceder algunos pasos. Con toda seguridad alguno de los pasos lo tenemos que resolver a ensayo y error, pero si continuamos, finalmente obtenemos el producto terminado.

La Biblia es sumamente clara en este punto, como dice el conocido versículo de Salmos 37:23–24:

Por Jehová son ordenados los pasos del hombre,
Y él aprueba su camino.
Cuando el hombre cayere, no quedará postrado,
Porque Jehová sostiene su mano.

Observe que dice *pasos*. Si deseamos tener la dirección
divina en nuestra vida debemos estar dispuestos a aceptar el
hecho de que eso se dará en el proceso de dar pasos individuales, en los cuales puede ser que no veamos el panorama
general. Posiblemente sintamos que faltan algunas piezas.
Entonces, cuando finalmente estén colocadas todas las piezas,
veremos más claramente el plan de Dios.

De manera que cuando la Biblia nos advierte que no
seamos insensatos, sino entendido de cuál sea la voluntad
de Dios, quiere decir que necesitamos ser lo suficientemente
sabios para unir las piezas del rompecabezas, hasta que todo
quede claro.

Algunas veces tenemos la idea de que todo el tiempo
deberíamos poder reconocer instantáneamente la voluntad de
Dios en cada movimiento que hagamos y determinar nuestro
plan de vida para los siguientes cinco años. Los predicadores
sienten esta presión en especial, porque todo mundo espera
que puedan escuchar la voz de Dios con respecto a todo sin
problemas.

Seguramente, a menudo vemos algunas imágenes básicas
del plan futuro de Dios de esta manera. Sin embargo, el Señor
está utilizando los momentos en los que pensamos que nos
hemos desviado, con el fin de hacernos quienes debemos ser.
Algunas veces Dios nos esconde algunas partes del plan para
que avancemos en fe y confiemos en Él. Eso quiere decir que
no debemos sentirnos presionados para explicarles a todos en
qué paso de la voluntad de Dios estamos.

La verdad es que algunas veces simplemente no lo sabemos. Sin embargo, lo cierto es que algunas veces no *necesitamos* saber y, si vamos todavía más lejos, ¡algunas veces no *deseamos* saberlo! Dios no nos lo dirá todo, porque si lo hiciera, no podríamos manejarlo. Observe que cuando pensamos que la "pieza" que necesitamos está perdida, podemos no darnos cuenta de que el poder del Espíritu Santo la está colocando frente a nosotros y que la estamos siguiendo sin darnos cuenta.

Conocer la voluntad de Dios, ya sea en el panorama general de su vida o en una situación o decisión específica, se facilita cuando comprendemos que Dios opera paso a paso y que Él permite que muchas cosas continúen siendo un misterio mientras caminamos en ellas por fe.

Cuando el Señor profetizó la primera vez acerca de la llegada del Mesías, en el huerto del Edén, en Génesis 3:15, esta era solamente la primera pieza. A través de los años, Dios continuó levantando profetas y gente escogida para revelar otras piezas. Cuando Jesús nació, casi todas las piezas estaban unidas, pero Dios dejó fuera algunas *a propósito* hasta el tiempo indicado. Aquellas piezas faltantes terminaron dejando a los demonios del infierno en completa oscuridad. Ellos no pudieron ver el panorama general.

1 Corintios 2:7–8 dice:

> *Mas hablamos sabiduría de Dios en misterio, la sabiduría oculta, la cual Dios predestinó antes de los siglos para nuestra gloria, la que ninguno de los príncipes de este siglo conoció; porque si la hubieran conocido, nunca habrían crucificado al Señor de gloria.*

Dios, en su sabiduría, reservó las piezas correctas hasta el tiempo perfecto, para que el enemigo no supiera lo que Dios planeaba. Incluso los demonios, en su ignorancia, se convirtieron en piezas clave de la escena, cuando Jesús resucitó de la tumba y los avergonzó (vea Colosenses 2:15). Debemos sentirnos más que agradecidos de que Dios no haya revelado todo a la primera.

Dios puede estar reservando algunas de las piezas de su vida en este momento *a propósito*. Pero si usted está fielmente comprometido con Él, el Señor lo conducirá y lo mantendrá en la ruta correcta. Sus pasos serán divinamente ordenados y el propósito se llevará a cabo sin la incorrecta interferencia de usted mismo, de otras personas o, incluso, del enemigo. Gracias a Dios por su sabiduría.

Si servimos a Dios incondicionalmente y con humildad todos los días, finalmente "armaremos" el rompecabezas de nuestra vida que el Señor ha diseñado perfectamente de acuerdo con su voluntad divina. Si continuamos uniendo las "piezas" con Dios, no nos perderemos el panorama general del "rompecabezas" terminado.

Recuerde que es pieza por pieza o paso a paso. Ahora hay muchas piezas faltantes y posiblemente no vemos muchas cosas terminadas, pero hay un panorama general en el proceso y todo lo que debemos hacer es concentrarnos en la pieza de hoy. A través de ese proceso finalmente uniremos todas las piezas de la voluntad de Dios para nuestra vida y todo el plan será completado. Algunas veces intentaremos colocar la pieza equivocada en un lugar, pero si nos mantenemos cerca de Dios, finalmente podremos armar las piezas correctas.

Nunca debemos perder la voluntad de Dios

Posiblemente esté siguiendo la voluntad perfecta de Dios para su vida mejor de lo que se imagina. Existen algunas directrices clave en los famosos versículos de Salmos 37:23–24 que le ayudarán a saber por qué no se perderá de la voluntad de Dios para usted. Veamos de nuevo estos versículos.

> Por Jehová son ordenados los pasos del hombre,
> Y él aprueba su camino.
> Cuando el hombre cayere, no quedará postrado,
> Porque Jehová sostiene su mano.

Este pasaje no solamente nos está diciendo que Dios ordena nuestro camino con pasos de fe, sino también dice que aunque cometamos errores, literalmente jamás nos saldremos del camino correcto, porque la mano del Señor estará ahí para sostenernos. Dios ordena nuestros pasos, incluso cuando sentimos que hemos perdido el rumbo y no sabemos qué sucede.

Cuando sienta que no puede "encontrar la pieza correcta" del rompecabezas, puede estar seguro de que Dios lo mantendrá en la dirección correcta.

Dicho lo cual, hay algo que debemos hacer aquí que se encuentra en una frase clave de estos versículos. Observe que dice: *"Y él aprueba su camino"*. La Traducción en Lenguaje Actual lo explica más claramente. Dice:

> Cuando a Dios le agrada
> a conducta de un hombre,
> lo ayuda a mantenerse firme.
> Tal vez tenga tropiezos,

pero no llegará a fracasar
porque Dios le dará su apoyo.

En realidad esto es muy simple, pero aun así es una gran
revelación que nos asegura que no nos perderemos de la
voluntad de Dios. Todo lo que necesitamos hacer es preocuparnos por agradar al Señor. Eso quiere decir obedecer lo que
la Biblia dice, ¡incluso las partes que no nos agradan tanto!
Quiere decir orar y mantenernos en una comunión cercana
con Dios. Si pasamos nuestra vida persiguiendo a Dios con
todas nuestras fuerzas, ese estilo de vida, de acuerdo con estos
versículos, asegura que nunca nos perderemos de la voluntad
perfecta de Dios para nuestra vida.

¿De verdad? Puede preguntarse: *¿Es posible?* Sí, eso es exactamente lo que la Biblia dice aquí. No dice que debemos decir
conocer cada detalle de la voluntad de Dios para nosotros. Nos
dice que nos sumerjamos en Dios y que estemos seguros de
que Él se encargará en adelante. Debemos avanzar paso a paso
y pieza tras pieza, cada día con Dios, haciendo lo recto y hono-
rable ante Él, y permitiendo que Dios haga el resto.

EL EDIFICIO INDESEADO

Cuando comenzamos nuestra iglesia en 1997, rentábamos un
pequeñísimo local de alrededor de 350 metros cuadrados en
un centro comercial ruinoso. No había nada lindo qué decir
del lugar. La alfombra era horrible. La fachada era antigua y
llena de desperfectos. El techo goteaba mucho. Sin embargo,
la renta era asequible y, ¡lo asequible es atractivo! Arreglamos
el lugar lo mejor que pudimos con pintura y un poco de trabajo duro. Sí, la iglesia Lord of Hosts Church nació en un
pesebre muy humilde.

El contrato de arrendamiento que firmamos duraba solamente algunos meses, porque estábamos convencidos de que no permaneceríamos allí durante mucho tiempo. No deseábamos permanecer ahí porque el lugar no era muy lindo, así que en nuestra mente, ese era solamente un comienzo temporal hacia un futuro más brillante que el ministerio tendría algún día.

Sin embargo, lo que pensábamos que sería una partida más pronta de lo esperado, terminó convirtiéndose en una expansión de espacio y una nueva renta. Casi nos piden que dejáramos el centro comercial porque la batería era muy ruidosa para los negocios que abrían los domingos. Pero el casero tuvo compasión y en lugar de sacar a toda la iglesia del lugar, nos permitió rentar un lugar apartado de los demás inquilinos.

Era un espacio más grande y costaba un poco más, pero, de nuevo, el lugar era horrible. Otra vez, tuvimos que arreglarlo, pero este espacio además necesitaba albañilería. Tenía grietas en los muros, la alfombra estaba rota, había cables colgando por doquier y olía terrible. Pero tomar este lugar era el único paso visible frente a nosotros, de manera que firmamos otro *corto* contrato "temporal". Seguimos pagando poca renta, porque *determinamos* que aunque lo arregláramos, no deseábamos permanecer ahí durante mucho tiempo. Continuamos buscando todas las opciones posibles para llevar la iglesia a otro lugar.

Adelante su reloj diez años más. Para entonces, habíamos añadido varios locales, dejado algunos, añadido otros de nuevo y convertido la suma de nuestros pequeños espacios en el local más grande de todo el centro comercial. A menudo bromeamos diciendo que nuestra iglesia es como un juego de piezas para armar. Coloque una pieza aquí y otra allá, y después quite algunas y vuélvelas a colocar hasta que arme algo reconocible.

Sí, casi 14 años después, a la escritura de este libro, ¡continuamos en ese indeseable edificio "temporal"! Hemos dejado una huella permanente ahí y ese horrendo patito feo ahora es un hermoso lugar por dentro. Ha recibido la visita de los ministerios mundiales de calidad más reconocidos y ahora está completamente equipado para hacer transmisiones televisivas.

Esta es la parte que deseo mostrarle. Oramos en numerosas ocasiones acerca de dejar el espacio, pero al ir dando un paso a la vez, ¡el edificio que intentábamos dejar continuó creciendo a nuestro alrededor! Aunque intentamos buscar pastos más verdes en otro lugar, finalmente fuimos forzados a admitir que de algún modo este edificio era una pieza clave en el plan profético de Dios para nuestro ministerio. ¡No podíamos deshacernos de él! De hecho, hemos hablado y escrito al respecto en varias ocasiones y continúa siendo un tema excelente para sermones.

Mire, a menudo podemos complicar el rompecabezas más de lo necesario. Algunas veces el paso obvio es lo que estamos haciendo ahora. Con frecuencia lo más lógico es aquello que está frente a nosotros. Qué bueno que el día que firmamos nuestro primer contrato, el Señor no nos dijo que estaríamos ahí durante los siguientes 14 años de nuestro ministerio. Creo que de haberlo hecho, ¡habríamos estado tentados a dejar el ministerio!

Los pasos que usted está dando ahora, pueden no ser lo que planeó y su situación puede no parecer lo que se imaginó originalmente, pero el resultado es el mismo. Dios está haciendo algo poderoso a través de *usted*, ¡porque usted continuó pegado a Él!

Posiblemente en su búsqueda por seguir la voluntad de Dios ha tomado algunas decisiones erróneas o incluso ha cometido errores terribles y ahora está viviendo las consecuencias. Si es así, ¡regrese a Dios! (vea Malaquías 3:7). Probablemente ha llegado a una encrucijada debido a malas decisiones. No obstante, regrese al gozo del Señor y continúe por fe en el camino que está frente a usted hoy.

El Espíritu de Dios tiene una manera increíble de regresarlo a donde necesitaba estar desde el principio. No se preocupe cómo se vean las piezas ahora. Seguramente podría desear estar en otro lugar, en otra ciudad, en una casa diferente o, como en nuestro caso, ¡en otro edificio! Pero si se sujeta de Él, descanse porque el Señor lo *colocará* en su camino de unción. ¡Usted no se lo perderá!

Capítulo dos

APRENDA A ESCUCHAR SU CORAZÓN

pero Jehová no estaba en el fuego

1 REYES 19:12

Cuando se trata de encontrar la voluntad de Dios en una situación, pocas veces estamos seguros dónde comenzar a buscar su voz. Como consecuencia, algunas veces tenemos un vaivén de sentimientos acerca de algo o intentamos hacer lo mejor por tomar el camino más razonable o lógico.

Tanto las emociones como la lógica pueden formar parte de la toma de decisiones; por lo tanto, antes de hablar acerca de dónde comenzar a buscar la voz del Señor, hablemos brevemente acerca de cómo afectan las emociones y la lógica nuestra capacidad de escuchar al Señor.

Podemos decir muchas cosas acerca de las emociones. Todos las tenemos y todos hemos vivido situaciones que se han salido de nuestro control. Si no las dirigimos correctamente, las emociones pueden, ya sea evitar que aceptemos las bendiciones de Dios, o presionarnos a hacer cosas que más tarde desearíamos haber evitado. ¡Una gran parte de las deudas de tarjetas de crédito son provocadas por emociones indisciplinadas!

De hecho, las emociones *son* de Dios y tienen el propósito de ayudarnos a relacionarnos con Él en un nivel personal.

Nos ayudan a expresar aprecio por la rectitud y rechazo por el pecado. Nos ayudan a formar afecciones y aversiones. También nos permiten expresar el gozo y el amor del Señor. Sin embargo, no podemos confiar únicamente en las emociones cuando se trata de tomar decisiones importantes. No debemos depender de ellas para encontrar la voluntad de Dios, porque las emociones cambian todo el tiempo, ¡algunas veces todos los días e incluso cada hora! Las emociones pueden estar conformes con algo, simplemente porque es un día soleado o inconformes porque el cielo está nublado.

Dios no depende de esas emociones cambiantes. Cuando creó a la humanidad, lo hizo a través de tomar una decisión bien planeada. Lo pensó toda la eternidad y estaba completamente consciente del precio a pagar. Incluso a pesar de los males del mundo, Dios nunca ha abandonado a la humanidad. Él ha permanecido constante en su decisión de crear al mundo, incluso cuando algunas de las personas a las que creó con amor lo han rechazado.

La otra parte importante de nuestra *psique* es el raciocinio lógico y humano. Mientras que algunos tienden a caer en las emociones para tomar decisiones, otros tienden a depender de la lógica. Al igual que las emociones, la lógica y el intelecto vienen de Dios. De ahí la frase: "¡Usa la lógica!". La lógica puede ayudarnos a hacer elecciones prudentes al evaluar los hechos, los pros y los contras de cualquier situación. La lógica puede ayudarnos a tomar decisiones sabias y a ver los beneficios de servir a Dios. La lógica nos ayuda a comprender que comer verduras es una mejor decisión que comer una bolsa de papas fritas.

Al igual que las emociones, sin embargo, la lógica no puede ser nuestro único método para encontrar la voluntad de Dios.

Esto se debe a que Dios no opera en el poder limitado de la lógica humana, ¡Él opera por la fe! Cuando se le da mucha importancia, nuestro intelecto lógico se convierte en uno de los mayores enemigos de la unción, debido a que nos puede desviar de las promesas y las bendiciones de Dios. Las bendiciones de Dios vienen por nuestra fe y por la capacidad de creer en ellas, incluso cuando los hechos físicos no concuerden.

Definitivamente necesitamos utilizar la capacidad que Dios nos dio para razonar; sin embargo, podemos fijar tanto nuestra mirada en los hechos y las explicaciones hasta el punto de abandonar las cosas milagrosas e inexplicables de Dios. Muchas personas se pierden de milagros increíbles por causa de la lógica. Tienden más a cuestionar la legitimidad de un milagro, que a estar dispuestos a buscar razones para creer en él. Su mente se ha bloqueado; pero lo sobrenatural no está limitado por los obstáculos de la lógica.

Los científicos han invertido décadas utilizando la lógica para intentar explicar por qué es posible que el mar Rojo se haya dividido o la razón por la que sucedió la historia del arca de Noé. Por supuesto, estás cosas *son* imposibles de acuerdo con los métodos científicos y físicos. Estos acontecimientos posiblemente no pueden explicarse en absoluto, pero Dios no está atado a los hechos y las leyes de la ciencia física. ¡No podemos explicar a Dios de esa manera! Cuando nada parece tener lógica, solamente debemos creerle.

Si Dios solamente hubiera utilizado la lógica para crearnos, lo negativo habría demostrado que era mejor que Él evitara crear la humanidad. Para la lógica, lo negativo hubiera valido más que lo positivo. Pero Dios no tomó decisiones basado en la lógica y estamos agradecidos por eso.

De manera que aunque podemos ver que tanto las emociones

como la lógica forman parte de la toma de decisiones, no son completamente confiables para encontrar la voluntad de Dios para nosotros. Solamente están ahí para ayudarnos. El lugar donde debemos buscar primeramente las respuestas, es en el fondo de nuestro espíritu, donde mora el Espíritu Santo. Necesitamos aprender a confiar en nuestro ser interior, donde está el Espíritu de Dios y dejar que aquellas cosas como las emociones y el intelecto vengan para ayudarnos a confirmar lo que nuestro espíritu nos está diciendo.

Al poco tiempo de haber comenzado nuestra iglesia, una pareja originaria de otro estado, amigos de la familia durante algunos años, se interesó en mudarse a Omaha para formar parte de nuestra iglesia recientemente abierta. El hombre había sido amigo de mi esposo desde que nos casamos y se adaptaban muy bien con respecto a las cosas del Señor. Después de que él y su esposa se casaron, ella también se conectó con nosotros y nuestra amistad creció. Al poco tiempo de comenzar la iglesia, decidieron visitarnos para intentar decidir si deberían mudarse a Omaha para ser parte de nuestra iglesia.

En ese tiempo, desde luego, nuestra iglesia estaba apenas en su humilde inicio, de manera que para ellos, mudarse habría sido un paso de fe. La pregunta lógica era: "¿Para qué vendrían?". Donde ellos vivían, había muchísimas iglesias, más impresionantes y sólidas.

Sí, en aquellos días nuestra iglesia era pequeña, tenía una horrible alfombra azul descuidada y unas bancas tapizadas con una tela naranja de segunda mano. No había una plataforma como tal, sino solamente el "área del escenario". ¡Seguramente nuestros amigos no se mudarían por estar impresionados con la fina decoración y la iluminación! Además, ellos no tenían un empleo asegurado al mudarse; tendrían que buscar trabajo llegando, ya que nosotros no teníamos vacantes.

Mientras decidían qué hacer, nosotros tuvimos muchas charlas y discusiones juntos. Por supuesto, ¡nuestro lado emocional deseaba que vinieran! Ellos pudieron haber tomado su decisión final basados en las emociones normales que surgían de nuestra amistad mutua. Resistimos el impulso de influenciarlos en alguna manera. No deseábamos que tomaran una decisión emocional por nuestra propia emoción y tampoco queríamos que se enfocaran en un razonamiento lógico que los hiciera arrepentirse. Ejercer demasiada influencia de nuestra parte como pastores, habría requerido que aumentáramos la presión para continuar pensando en "la voluntad de Dios" cuando llegaran los tiempos difíciles.

Los tiempos difíciles *llegarán* en cualquier situación, incluso cuando estemos bajo la voluntad de Dios. Sin embargo, escuchar a Dios en nuestro interior, sin que otras personas u otras fuentes externas influyan en lo que percibimos, fortalece nuestra fe para permanecer firmes, incluso en los tiempos difíciles. Y así podemos confiar más en que podemos escuchar a Dios nosotros mismos durante los tiempos en los que la ayuda externa no esté disponible.

Cuando aprendamos a escuchar a Dios desde el interior de nuestro espíritu, donde mora el Espíritu Santo, nos daremos cuenta de que no solamente confiamos más en su voz, sino también de que las cosas equivocadas influyen menos en nosotros.

Desde luego, esto no significa que no necesitemos la ayuda de los demás. Necesitamos *completamente* que la gente hable a nuestra vida y en otro capítulo hablaremos acerca de cómo escuchar con exactitud la voluntad de Dios a través de otras personas. Pero aquí deseamos enfocarnos en una de las habilidades más importantes del cristianismo: cómo escuchar con seguridad a Dios en nuestro interior.

ELIMINE AL INTERMEDIARIO

A todos nos gusta tener la dirección de diferentes recursos terrenales externos. A muchos de nosotros nos gusta "escuchar a Dios" a través de cosas como inundaciones, tormentas y terremotos. Nos gusta ver las noticias nocturnas para saber si lo que reportan conlleva algo que nos suene a mensaje divino. Claro, algunas veces hay un mensaje, pero solamente porque esa es la manera en que preferimos escuchar las cosas, no quiere decir que siempre haya un mensaje en ello.

Debido a numerosas razones, nos sentimos mejor si podemos escuchar un "mensaje inspirado por Dios" a través de una fuente externa. Preferimos escuchar a "Dios" a través de nuestro mejor amigo, que escucharlo nosotros mismos. Sentimos que necesitamos escuchar a Dios a través de una palabra profética en la iglesia o por medio de un fenómeno natural inusual.

No quiero decir que Dios nunca hable de esa manera. Muchos relatos bíblicos describen cómo Dios utilizó estos elementos externos para hablarle a su pueblo. Sin embargo, debemos hacernos una pregunta profunda: ¿Dios desea una relación personal íntima con nosotros solamente para hablarnos a través de "intermediarios?", ¿Siempre tiene que hablarnos por medio de amigos, familiares, circunstancias, acontecimientos políticos o fenómenos naturales fuera de lo común?

Un verdadero amigo desea hablar íntimamente, cara a

cara, sin la constante influencia del exterior. Pero, por alguna razón, muchos temen escuchar a Dios de esta manera. Por supuesto, algunas personas exageran acerca de escuchar ellos mismos a Dios y andan de un lado para otro contándole a todos acerca de la última "revelación" que cambió su vida, y que sintieron "proviene de Dios". El deseo que tienen de escuchar a Dios ellos mismos es correcto. Su error está en que olvidan aplicar pesos y contrapesos, de lo cual hablaremos más adelante.

Sin embargo, la mayoría se encuentra del otro lado del espectro. Nunca están seguros de que Dios les hable en privado. Sienten que la voz de su espíritu son "simplemente ellos", de manera que descartan la manera principal en la que Dios habla. Por lo tanto, un gran número de cristianos viven dependiendo de las voces y fuentes externas para obtener la revelación de la dirección de Dios para su vida. Sí, Dios utiliza estos medios, pero Él desea primeramente que vivamos seguros de que podemos escucharlo en la privacidad de nuestro corazón cuando no le habla a nadie más que a nosotros personalmente.

Ninguna relación romántica sería cómoda si el hombre o la mujer expresaran sus sentimientos a través de otra persona. Esposas, ¡imagínense que su esposo solamente pudiera enviar sus notas amor a través de un mensajero! Esposos, piensen en cómo se sentirían si su esposa tuviera que precisar de un vocero para decirles cómo se siente, ¡eso sería completamente extraño!

No obstante, así es como a menudo deseamos que Dios nos hable: a través de alguien más. Deseamos que Dios nos hable a través de terremotos, lluvias o tormentas. Preferimos que nos hable a través del periodista. Lo que olvidamos es que

Dios desea hablarnos directamente, sin intermediarios. Uno a uno, de persona a persona; eso es intimidad. Uno de los ejemplos bíblicos más profundos es el del profeta Elías. Él tuvo que eliminar al "intermediario" para entrar en confianza con Dios. Las cosas externas a menudo influían, pero para poder interpretar las cosas externas con exactitud, Elías necesitaba la habilidad de escuchar a Dios en privado con o sin esas cosas. De esa manera no confundiría lo que era un mensaje real de Dios con aquello que lo llevaría a la distracción o incluso a un engaño rotundo.

LA ADICCIÓN AL INTERMEDIARIO

Puede resultar más fácil comprender por qué confiamos tanto en las voces y fuentes externas como el medio para escuchar la voz de Dios, si comprendemos las causas de dicha tendencia. De modo sorprendente, la Biblia contiene una revelación increíble de las complejidades de la *psique* humana. ¡Dios sabe cómo funcionamos!

Encontramos algunos ejemplos increíbles en la historia de Elías en el Primer Libro de los Reyes, capítulo 19, cuando huyó de las amenazas de muerte de Jezabel. Sabemos que permitió que el temor influyera en él mismo, pero démosle algo de crédito. Jezabel tenía un poder político increíble y estaba en contra de Dios. Ella despreciaba la manera en que Elías estaba influyendo su mundo con la unción del Señor. Deseaba eliminar esa influencia y hubiera estado dispuesta a utilizar su poder para llevarlo a cabo.

Así pues, la Biblia dice que Elías caminó todo un día por el desierto para esconderse de ella (vea 1 Reyes 19:3–4). Podemos ver varios símbolos proféticos en algunas de las cosas que hizo Elías después de huir de Jezabel. Estos nos revelan algunas de las cosas que tendemos a hacer, que nos ponen en riesgo de depender de un "intermediario" o de las voces externas más que de la voz del Espíritu en nuestro interior.

> Viendo, pues, el peligro, se levantó y se fue para salvar su vida, y vino a Beerseba, que está en Judá, y dejó allí a su criado. Y él se fue por el desierto un día de camino, y vino y se sentó debajo de un enebro; y deseando morirse, dijo: Basta ya, oh Jehová, quítame la vida, pues no soy yo mejor que mis padres.
>
> —1 REYES 19:3–4

1. Fue a Beerseba: confiar en acontecimientos pasados

El lugar a donde Elías huyó inmediatamente para encontrar a Dios fue Beerseba. Posiblemente no había nada malo en el hecho de ir a Beerseba y la historia del lugar estaba llena de las cosas milagrosas de Dios. Podemos asumir sin duda que esa fue la razón por la que Elías huyó allá. Muchas personas de la Biblia tuvieron encuentros con Dios en Beerseba, ¡resulta obvio que Elías necesitaba un encuentro!

Agar tuvo una experiencia divina con Dios en Beerseba, en la que Dios se le apareció y le habló acerca del destino de su hijo (vea Génesis 21:14–20). También fue el lugar donde Abraham hizo un pacto de paz con el rey Abimelec (vea Génesis 21:22–32). Abraham también invocó el nombre de Dios en Beerseba (vea Génesis 21:33). Al poco tiempo, Isaac también tuvo un encuentro divino con Dios en Beerseba e hizo un pacto similar con el rey Abimelec ahí (vea Génesis 26:23–33). El nombre Beerseba significa *siete pactos*, porque Abraham ofreció siete corderos para hacer una promesa. Más tarde, Dios le apareció a Jacob divinamente en Beerseba (vea Génesis 46:1–5) y reiteró el pacto de bendición que le prometió a Abraham.

Sin embargo, algunos relatos históricos sugieren que Beerseba se convirtió finalmente en un santuario. Era bien conocido como un lugar donde habían sucedido varios encuentros divinos, de otra manera, Elías no habría huido tan rápidamente para refugiarse ahí. Podemos encontrar ciertos indicios bíblicos de que Beerseba se convirtió en un santuario en Amós 8:14 que dice:

> Los que juran por el pecado de Samaria, y dicen: Por tu Dios, oh Dan, y: Por el camino de Beerseba, caerán, y nunca más se levantarán.

Beerseba fue originalmente un lugar dedicado a Dios, pero vemos aquí que más tarde la gente comenzó a adorar dioses falsos ahí (vea también 2 Reyes 23:8).

En Amós 5:5–6 también encontramos que el profeta Amós le advirtió a Israel que ya no buscara los lugares de encuentros divinos pasados. Se menciona a Bet-el, Gilgal y Beerseba y sabemos que eran los lugares de encuentros divinos del Antiguo Testamento (vea Génesis 12:8; 28:10–22; Josué 5:9; Jueces 2:1). No obstante, el profeta le advierte al pueblo que deje de buscar estos lugares y que en cambio comience a buscar al Señor para poder vivir. Es evidente que Israel estaba confiando más en la ubicación y el lugar de los encuentros divinos, que en Dios mismo. En lugar de confiar en el Señor habían puesto su confianza y adoración en un lugar y en las experiencias previas.

Los santuarios tienden a hablar de milagros pasados que se han convertido en una reliquia adonde la gente regresa en un tiempo de prueba. En el cristianismo actual tendemos a hacerlo de la misma manera: Nos referimos repetidamente a antiguos avivamientos, como los grandes avivamientos de sanidad. Hablamos con frecuencia de experiencias y de milagros pasados. A menudo nos sentimos más espirituales durante la alabanza al cantar aquella canción que cantábamos en los retiros juveniles o en las convenciones ministeriales.

De hecho, así se forman normalmente las denominaciones y los movimientos. Comienzan como un encuentro divino con Dios, pero más tarde se convierten, de cierto modo, en un ídolo. Comenzamos a adorar al movimiento o a la experiencia más que a Dios, sin siquiera darnos cuenta de ello. Estamos tan ocupados hablando acerca de acontecimientos pasados que no prestamos atención a la voz de Dios interna.

Aunque no hay nada malo en recordar una experiencia o un acontecimiento pasado con Dios, no podemos depender de esas cosas al punto de identificarnos por medio de ellas. Algunas personas insisten en pertenecer al movimiento del hermano fulano o de la hermana zutana, o todo lo que hacen es hablar de las reuniones de avivamiento que sucedieron en tal o cual ciudad. Toda su vida y ministerios giran en torno a esas cosas y no pueden escuchar a Dios sin estar atados al pasado. Estas personas se hacen dependientes de lo conocido.

Parece que Elías estaba cayendo en esta tendencia humana. Él deseaba ir a Beerseba, porque, después de todo, ahí es donde todos se encontraban con Dios, ¿por qué él no lo haría? Era un lugar conocido. Desde luego, Elías *sí* tuvo un encuentro divino con Dios ahí, pero esa es la última vez que la Biblia registra un evento tal en Beerseba. Aparentemente, tan pronto como Dios vio que incluso ese poderoso profeta estaba cayendo en la tendencia de depender de los eventos pasados conocidos, decidió que sería el último acontecimiento milagroso que sucedería ahí. Con esto, vemos que Dios le enseñó a Elías la lección más importante de su vida, la cual veremos en dentro de un momento.

Aunque nos encantan esas experiencias con Dios que nos cambian la vida e indudablemente podemos aprender mucho de ellas, no podemos recordarlas esperando poder revivirlas o resucitarlas de alguna manera. Necesitamos dejar que Dios nos lleve hacia cosas nuevas, porque no importa dónde nos encontremos hoy, Él tiene algo fresco para que caminemos en ello. Depender de acontecimientos pasados evitará que usted escuche la voz de Dios hoy. Corre el riesgo de pensar que, porque Dios le habló en una visión hace tres años, es así como Él le revelará su voluntad ahora, así que pasa el tiempo concentrándose en el tema de las visiones. Recordar constantemente el pasado para ayudarnos a ver el futuro, evita que veamos el interior y dependamos del Espíritu Santo que ahí mora, lo cual acentúa nuestra necesidad de un intermediario para escuchar a Dios.

2. Se sentó debajo de un enebro: aferrarse a una situación

Una vez que Elías llegó a Beerseba, la Biblia dice que se sentó debajo de un enebro (vea 1 Reyes 19:4). *Enebro* significa "retama", y en hebreo proviene de la raíz para "uncir o atar".[1] Esta palabra base indica estar atado o aferrado fuertemente. Proféticamente, este enebro representaba el hecho de que Elías se había aferrado y consumido tanto por la situación que rodeaba a Jezabel, que lo estaba paralizando. Lo había consumido.

¡Todos estamos familiarizados con esta tendencia! La mayoría de nosotros podemos decir que nos hemos agobiado tanto por algo, en uno u otro punto, que nos hemos hundido debajo. Era todo en lo que podíamos pensar, soñar y hablar. El problema interfería en todo. Esta tendencia tiene su raíz en el espíritu de temor, el cual provoca otras manifestaciones como preocupación, ansiedad, paranoia, timidez, estrés y ataques de pánico, a la vez que provoca muchas otras enfermedades físicas.

La gente que pertenece a esta categoría está más preocupada por probar soluciones y habilidades naturales para arreglar sus problemas, que por escuchar a Dios. Basan el nivel de su éxito y fracaso en lo que sus situaciones les dicen. Se esfuerzan tanto por buscar lo que está frente a sus ojos, hasta que se convierte en la única voz que escuchan.

Esto es claramente lo que estaba haciendo Elías, porque comenzó a quejarse con Dios. Estaba tan abrumado por su situación que se quería morir. Elías incluso se quedó dormido bajo ese enebro (vea 1 Reyes 19:5). Debido a que la Biblia enfatiza que era un enebro, creo que el indicador profético aquí es que Elías estaba verdaderamente atado a sus circunstancias.

Confirmamos lo anterior, porque en el primer libro de Reyes 19:10, Elías comienza a relatar lo que cree ser la verdad a través de los ojos de su propio juicio.

> Él respondió: He sentido un vivo celo por Jehová Dios de los ejércitos; porque los hijos de Israel han dejado tu pacto, han derribado tus altares, y han matado a espada a tus profetas; y sólo yo he quedado, y me buscan para quitarme la vida.

Él repite la misma queja de nuevo en el versículo 14.

Observe la manera en que Dios le responde. Le permite que experimente el gran encuentro dramático en Beerseba que deseaba. Es el mismo encuentro que deseamos a menudo. Así como Elías, nosotros estamos buscando esa grandiosa experiencia sobrenatural que nos ayudará a sentir que hemos superado las cosas terribles con las que lidiamos ahora. Comenzamos a desear más la experiencia misma que a Dios. Estoy convencida de que esto es exactamente lo que Elías deseaba, todo porque estaba muy enfocado en los acontecimientos pasados sobrenaturales de Beerseba, así como en sus problemas presentes.

Como respuesta al deseo de Elías de experimentar a Dios grandemente, el Señor le trajo a Elías el terremoto, el fuego y el viento que deseaba. Sin embargo, Dios se aseguró que su voz no estuviera presente en ninguno de ellos. No fueron más que circunstancias naturales vacías a través de las que Elías esperaba escuchar la voz de Dios.

La mayoría de nosotros recuerda cómo terminó la historia. El primer libro de Reyes 19:12 dice: *"Y tras el terremoto un fuego; pero Jehová no estaba en el fuego. Y tras el fuego un silbo apacible y delicado"*. Dios deseaba hablarle a Elías directamente y no quería limitarse a hablarle a través de las cosas espectaculares circundantes.

Una vez que Elías pudo escuchar a Dios a través de una voz sencilla, pudo tener una perspectiva correcta de su situación y pudo encontrar el siguiente paso de Dios para su vida. Descubrió que no estaba solo como alguna vez lo pensó y que había otros siete mil cuyas rodillas no se doblaron ante Baal (vea 1 Reyes 19:18). Tuvo que decirle a Dios por qué había huido a Beerseba en primer lugar (vea 1 Reyes 19:13). De igual manera tuvo dirección divina con respecto a la voluntad de Dios de ungir a Jehú como el siguiente rey de Israel (vea 1 Reyes 19:16). Una vez que escuchó la voz de Dios de una manera sencilla, se fue de Beerseba sabiendo exactamente a dónde ir y qué hacer. Es claro que también desapareció el temor que le tenía a Jezabel.

Muchas personas dependen de escuchar a Dios a través de recursos externos, en lugar de simplemente escuchar en su espíritu, porque hacen las dos cosas que hizo Elías. Confían en acontecimientos y experiencias pasadas y se sumergen demasiado en sus circunstancias presentes. Si usted se descuida, ambas cosas ensordecerán sus oídos espirituales a la voz de Dios en su interior.

La voz del Espíritu está en su interior

Quienes hemos nacido de nuevo en Cristo hemos recibido una ventaja que no tenían los profetas del Antiguo Testamento. Aunque Elías tuvo que aprender el principio de escuchar el silbo apacible de Dios sin depender de voces externas más obvias, no tenía la voz del Espíritu Santo en su interior. Elías escuchó la voz de Dios a su alrededor, pero no en su interior.

Nosotros tenemos al Espíritu Santo en nuestro interior y podemos escucharlo desde dentro. Es por ello que en el Nuevo Testamento normalmente no vemos que Dios hable a través de cosas como zarzas; sino que lo vemos hablar a través del Espíritu Santo que moraba dentro de los creyentes, como en Hechos 16:6–7, cuando el Espíritu le prohibió al equipo de Pablo predicar en Asia. Es cierto que la gente continuaba teniendo experiencias externas, como visiones (vea Hechos 16:9); pero los creyentes escuchaban a Dios y seguían su voluntad principalmente a través de la llenura del Espíritu Santo en su interior.

De manera que para muchos la pregunta es: ¿Cómo escuchar al Espíritu Santo en mi interior? A continuación veremos algunas sugerencias que le ayudarán a escuchar con exactitud a Dios desde el interior de su espíritu.

PASE TIEMPO CON DIOS

Esto es muy simple: no podemos esperar conocer la voz de alguien con quien no pasamos tiempo. Será mucho más difícil escuchar la voz del Señor cuando no hacemos las cosas espirituales básicas como orar, leer la Biblia y asistir a la iglesia. Aquello de lo que nos alimentamos y con lo que pasamos tiempo, dominará nuestra vida. Incluso lo que es bueno y necesario en la vida como trabajar, hacer los deberes, el tiempo de esparcimiento y el tiempo familiar pueden ser una distracción y todo eso no nos enseñará a escuchar al Espíritu Santo.

La razón por la que reconozco las voces de mis hijos y de mi esposo cuando me llaman por teléfono es porque paso tiempo con ellos todos los días. No reconocemos la voz de una persona con quien no pasamos mucho tiempo. Necesitamos pasar tiempo con Dios para poder reconocer su voz.

Además de la oración y el estudio bíblico, ore a menudo en lenguas. La razón por la que también se le llama orar con el espíritu (vea 1 Corintios 14:15), es porque nos conecta con el reino espiritual donde se encuentra el Espíritu Santo.

Mi esposo y yo hacemos un ejercicio para ayudar a que la gente vea que orar en lenguas viene de su espíritu y no de su cabeza. Les pedimos que oren en lenguas en su interior, en silencio, sin abrir la boca, moviendo su lengua o produciendo sonidos. Aunque estén orando en lenguas en silencio, les pedimos que opriman tan fuerte como puedan sin emitir sonido. Después de detenerse, les pedimos que indiquen en dónde sienten la presión. En nuestra experiencia, la gente señala su estómago o su espíritu, nunca señala su cabeza.

Hemos visto lo contrario cuando la gente hace el mismo ejercicio en su idioma, como en español. Hacemos que vitoreen a su equipo favorito, algo como: "¡Vamos equipo!", tan fuerte como puedan. Cuando lo hacen, no sienten la presión en su espíritu sino en su cabeza.

La presión que sentimos en nuestro espíritu es la manera en que aprendemos a escuchar a Dios. Pase tiempo orando en su espíritu con frecuencia y mientras ora en voz alta o en silencio, sintonice mentalmente los sonidos y sílabas de su lenguaje espiritual. Aunque no necesita acallar sus pensamientos mientras ora en lenguas para que la oración sea efectiva, es útil disciplinar su pensamiento cuando aprendemos a escuchar a Dios. Esto le enseñará a escuchar al Espíritu Santo.

Evidentemente, Dios no siempre le hablará algo en ese momento, pero debe estar abierto a ello. Algunas veces la simple práctica de concentrarse en la presión de su espíritu le ayudará a reconocerla cuando llegue, incluso aunque no esté orando. Entonces comenzará a reconocer cuando sea el Espíritu Santo. Algunas veces, después de orar en lenguas durante un tiempo, comience a orar en su idioma y verá lo que "sale" en sus oraciones. ¡Es muy posible que encuentre una revelación proveniente de su espíritu! Recuerde, ¡la pericia surge de la práctica!

Preste atención a las primeras impresiones

Cuando esté frente a una situación, especialmente si ha sido diligente en hacer lo que necesita para pasar tiempo con Dios, escuche lo primero que perciba. Esto no quiere decir que su primera impresión es siempre la voz de Dios, pero si su hábito es pasar tiempo con Él, comenzará a reconocerlo y el Espíritu Santo a menudo será la primera voz que escuche. Con frecuencia, cuando Dios habla a través de una primera impresión, esta viene rápida y firmemente. ¡Algunas personas la describen como una frase decisiva, un versículo corto o un enunciado que termina con un signo de exclamación! Por ejemplo, puede ser que le hayan dado un aviso de despido en el trabajo. De pronto, le brinca un pensamiento: "¡Aquí hay otro empleo!", o: "¡Pronto te van a contratar de nuevo!". Escriba esas primeras impresiones repentinas. Eso no quiere decir que debemos actuar precipitadamente sobre dichas impresiones, sino anotarlas y esperar que el Espíritu Santo nos dé fe y lo confirme.

Además, cuando Dios nos habla desde nuestro espíritu, a menudo nos mueve de manera diferente que con un pensamiento proveniente de nuestro cerebro. Muchas veces, cuando Dios nos habla desde nuestro interior, suena como nuestra propia voz y se debe a que Dios habla *a través* de nosotros. He visto que la voz de Dios normalmente puede distinguirse por el hecho de que nos mueve y es más directa y fuerte.

Por ejemplo, aludiendo de nuevo a nuestros amigos que oraron acerca de mudarse a nuestra ciudad, la esposa dijo que asistió a una clase de nuestra iglesia durante su breve visita a la ciudad. Durante la clase, dijo haber escuchado las palabras: "¡Aquí es donde deseo que estén!". Ella dijo que la voz no había sido audible, pero pudo haberlo sido porque la sacudió por dentro. Fue en una de esas ocasiones cuando supo que no estaba creando pensamientos. Fue movida de una manera tan poderosa, que después de la clase llamó inmediatamente a su esposo a casa y dijo: "¡Nos mudaremos a Nebraska!". ¡Seis meses después estaban aquí!

ESCUCHE LAS "CERTEZAS" QUE PERMANECEN EN USTED

Algunas veces Dios habla a nuestro espíritu a través de una sensación acerca de algo, de la que no puede deshacerse. Por ejemplo, aludiendo una vez más a nuestros amigos que oraron acerca de mudarse a nuestra ciudad, el esposo dijo haber escuchado a Dios simplemente por medio de saber que así eran las cosas. Dijo: "No escuché una voz audible, sino fue una certeza que sentí después de un tiempo". Él lo describió como algo que sabía y que nunca dejó de sentir.

Con la práctica, todos los cristianos poseemos la capacidad de escuchar de Dios en nuestro espíritu con exactitud. Desde luego, existen algunas precauciones de confirmación que desarrollaremos a lo largo del libro. Sin embargo, escuchar la voluntad de Dios para su vida con precisión *comienza* al escucharlo a Él directamente dentro de nosotros, sin tender a depender primero de otras cosas. Dios desea comunicarse con nosotros de manera íntima, ¡para que podamos escucharlo con seguridad desde *nuestro* interior![1]

Capítulo tres

UTILICE LAS ESCRITURAS PARA ENCONTRAR LA VOLUNTAD DE DIOS

Lámpara es a mis pies tu palabra,
y lumbrera a mi camino.

SALMOS 119:105

¿Esta escena le parece conocida? Usted se sienta con su Biblia y una taza de café, y comienza a hojearla. "Ah, Señor, ¿qué me vas a decir?". Mira los incontables versículos esperando encontrar uno que resalte. Necesita un versículo que de alguna manera hable de la situación que está enfrentando. Posiblemente en un momento de desesperación, incluso ha intentado que su Biblia caiga abierta en una página al azar, esperando que el primer versículo que vea, sea aquello que necesita escuchar. ¡Aunque muchos no quieran admitirlo, lo han hecho!

Más tarde comienza a mirar nerviosamente todos los versículos. Algunos parecen ser el versículo correcto, pero después, cuando no está seguro, hojea de nuevo para buscar otro, intentando meticulosamente encontrar el versículo perfecto. Y entonces sucede. ¡La abre en un versículo relacionado con el juicio de Dios o en un capítulo de genealogías! Y queda desilusionado.

Aunque es cierto que el Señor desea que utilicemos su

Palabra como un medio para escuchar su voluntad y recibir dirección para nuestros asuntos, el proceso que he descrito probablemente no sea el mejor método para hacerlo. No obstante, muchos de nosotros no hemos encontrado una manera más confiable, de manera que hacemos algo similar. En este capítulo examinaré algunos principios que pueden ayudarnos a ser más precisos al utilizar la Biblia como un medio para encontrar dirección divina.

Ubicar la voluntad soberana de Dios

La voluntad soberana de Dios es su plan y propósito inmutables. Es absoluta, porque Jesús es el gobernante absoluto y nosotros estamos sometidos a Él. Sin embargo, a menudo muchos cristianos se refieren a la frase "la soberana voluntad de Dios" como algo negativo. La describen como un juicio o como algo trágico que sucede y que nunca podemos comprender; pero debido a que Dios es omnisciente, solamente tenemos que confiar en que tuvo un propósito al hacerlo.

Todos sabemos, desde luego, que Dios es mucho más sabio e inteligente de lo que nosotros podemos esperar ser. Así que no es de sorprenderse que permita que sucedan algunas cosas que no comprendemos completamente. Él no podrá explicarnos todos los detalles, simplemente porque a veces, en nuestro entendimiento limitado o estado de ánimo presente, no podríamos manejarlo.

Recuerdo hace años, cuando nuestro hijo mayor, Matt, que apenas estaba en preescolar, me preguntó el significado de la muerte. Hice lo mejor que pude para explicárselo en términos apropiados para un niño en edad preescolar. Él pareció comprender el significado de muerte en el sentido de su irrevocabilidad, pero eso lo alteró un poco. Continuó haciendo más preguntas y obviamente temía que eso le sucediera a todos los que conocía. Intenté explicarle que no debería esperar que nadie a quien amaba muriera pronto, pero nada de lo que le dijera lo ayudaba a comprender mejor cómo funcionaba.

Finalmente, desesperada, tuve que decir: "Cariño, mami tendrá que ayudarte a comprenderlo cuando seas más grande, porque ahora no estás listo". Él lo aceptó cuando le dije que algunas veces podemos manejar mejor algunas cosas cuando crecemos.

Nosotros tenemos que entender esto con Dios como nuestro Padre. Algunas veces no tenemos la madurez espiritual o la capacidad de comprender algunas cosas que Él, el Dios Omnisciente, sí comprende. Sin embargo, no debemos asumir automáticamente que porque sucedió algo negativo y no comprendimos los detalles, era la voluntad soberana o la intención de Dios.

Algunos dicen creer que la voluntad soberana de Dios era que una persona que ellos conocían muriera de alguna enfermedad. Dicen cosas como: "Bueno, oramos, pero aun así murió. Por lo tanto, Dios debe haber tenido una razón divina, porque las oraciones por sanidad que hicimos no fueron respondidas".

Hay una gran cantidad de razones por las cuales suceden cosas negativas. Ciertas cosas como temor, distracciones, algunas maneras de pensar, pecado, ignorancia, demonios religiosos, palabras negativas o malas decisiones diarias pueden atraer demonios y obstruir nuestras oraciones. La Biblia nos advierte que si descuidamos estas cosas, en nosotros mismos o en otras personas, eso puede interferir con nuestras bendiciones.

Sin embargo, especialmente cuando se trata de otras

personas, no podemos conocer todos los detalles que rodean
la situación y que pudieron haber afectado el resultado.
Podemos pensar que lo sabemos, pero en realidad no. Con eso
en mente, solo podemos asumir automáticamente que debido
a que sucedió algo negativo, esa era la voluntad soberana de
Dios de alguna manera.

La verdadera voluntad soberana de Dios es algo que
muchos cristianos pasan por alto todos los días. No se trata
tanto de las cosas negativas de la vida que "no comprendemos". Su voluntad soberana se trata de las promesas inmutables. Estas promesas *son* su voluntad soberana y Él desea
que las comprendamos y que aprendamos a recibirlas por fe.
Obviamente podemos experimentar éxito y fracaso mientras aprendemos a caminar en ellas, pero a pesar de nuestras
acciones, sus promesas siguen siendo su soberana voluntad
inmutable. En la Biblia encontramos estas promesas soberanas
inmutables.

Lo que está escrito en la Biblia es la voluntad soberana de
Dios para nosotros. No tenemos que pensar en si Dios lo desea
para nosotros. Tome estas promesas personalmente, como si
Dios entrara en su sala y le dijera que esa es su voluntad para
su vida. ¡La voluntad de Dios se encuentra en la Palabra de
Dios!

La Biblia dice en Salmos 138:2: *"... porque has engrandecido tu nombre, y tu palabra sobre todas las cosas"*. Esto significa que Dios ha garantizado con su reputación este decreto
(vea también la NVI). En otras palabras, cuando Dios promete algo, Él es firme para cumplirlo. Sus promesas en las
Escrituras son firmes y Él no las rompe. Dios no tiene una
voluntad divina "escondida" aparte de su decreto solemne
escrito en la Biblia.

Existen muchas escrituras que nos prometen paz, sanidad, liberación y provisión para nuestras necesidades terrenales. Cuando se enfrente a determinada situación en la vida, primero ubique la voluntad soberana de Dios en su Palabra. Encuentre un versículo con una promesa para su necesidad particular. Una vez que ha establecido su promesa, entonces comience a ubicar la voluntad soberana de Dios para su situación. Obviamente, habrá circunstancias difíciles, temor o incluso el enemigo que tratarán de evitar que usted la reciba, pero es poco probable que estas cosas le roben su victoria cuando está seguro de que esa es la voluntad soberana de Dios.

Por ejemplo, posiblemente esté usted lidiando con preocupación por su situación financiera, porque ha pasado gran parte de su vida con problemas económicos. Algunos asumirían erróneamente que de alguna manera ese es el plan de Dios para ellos y que deben aceptar su lugar en la vida. ¡No! En lugar de eso, usted debe buscar un versículo que prometa provisión financiera y ver*lo* como la voluntad de Dios para usted y no así la situación a la que está acostumbrado. A esto se le llama ubicar su voluntad soberana.

En lugar de esperar que un versículo al azar le hable, busque *específicamente* versículos que usted *sabe* que resolverán su situación. Ubique las promesas soberanas de Dios en la Biblia *deliberadamente*. Léalas, escríbalas, estúdielas y sobre todo, *¡créalas!*

A menudo, cuando estamos en una prueba, desafío o lidiando con algo difícil de resolver, olvidamos lo básico.

No solo hurgue en su Biblia al azar. Sea específico. Sujete las verdades que conoce y no las suelte. Todo cuanto está a su alrededor puede estar diciéndole que su avance no vendrá, pero si las Escrituras lo prometen, entonces confíe que esa es la voluntad soberana de Dios para su vida. Posiblemente necesite pelear por ello, el diablo utiliza todo tipo de cosas para tratar de robársela.

El problema es que a veces nos damos por vencidos muy fácilmente. Permitimos que las circunstancias sean más reales que las promesas eternas de Dios escritas en la Biblia. Permitimos que el enemigo o incluso nuestros propios pensamientos nos desanimen. En algunos casos, la razón por la que no encontramos en la Biblia la promesa que necesitamos es porque no pasamos suficiente tiempo en ella.

LA VOLUNTAD DE DIOS EN TRES VERSÍCULOS

Hace algunos años estaba predicando en un congreso en otro país. La reunión no era la típica reunión de evangelismo dirigida a alcanzar a los perdidos. Era un congreso patrocinado por una iglesia llena del Espíritu. La mayor parte de los asistentes eran cristianos encendidos y fuertemente involucrados en la iglesia. Era un evento donde también había muchos pastores.

Cuando comencé el mensaje, mencioné cuán importante es depender de la verdad de la Biblia en los postreros días, porque el mal está aumentando en el mundo. Le dije al público que necesitaba conocer lo que la Biblia dice en caso de enfrentar una prueba de un momento a otro. Recuerdo haberles hecho la siguiente pregunta y pedirles que levantaran las manos: "Si necesitaran sanidad, ¿cuántos ahora podrían citar por lo menos tres versículos que prometieran sanidad?".

En ese lugar había algunos miles de personas presentes, pero cuando hice la pregunta, solamente unas cuantas levantaron la mano, posiblemente alrededor de ochenta. Ni siquiera varios de los pastores pudieron levantar la mano. Sorprendida de que nadie más supiera por lo menos tres versículos sobre sanidad, decidí hacer de nuevo la pregunta. Pensé que posiblemente mi intérprete no me había escuchado bien y quería asegurarme de que mi pregunta hubiera sido comunicada correctamente. Hice la misma pregunta con respecto a otras promesas de la Biblia, como provisión económica, liberación, etcétera. Se levantaron menos manos. Quedé asombrada.

Este era un grupo de personas en una reunión llena del Espíritu, bien arregladas, que habían pagado una inscripción y traído sus Biblias y libretas a la conferencia. Uno podía asumir fácilmente que eran personas "instruidas".

He hecho la prueba en otros congresos similares y he obtenido el mismo resultado, inclusive en Estados Unidos. Al menos la gente es honesta. Para no avergonzar a la gente adrede, ya no hago la pregunta directamente. En lugar de ello, a menudo relato la historia, lo cual da una gran enseñanza. Me doy cuenta del hambre de la Palabra de Dios que existe en el Cuerpo de Cristo en la actualidad. Si no conocemos las promesas, simplemente no podemos asirnos de ellas en un momento desesperado de necesidad.

Lo animo a memorizar por lo menos tres versículos acerca de las áreas principales de necesidad que la mayoría enfrenta. Entre ellas están la sanidad divina, la provisión económica, liberación y protección, vencer el temor, caminar en paz y vencer el pecado y los malos hábitos.

Posiblemente usted es de aquellos que pueden recitar tres versículos por tema. Sin embargo, yo le recomendaría refrescarse constantemente. No dependa siempre de la memoria, abra de nuevo los versículos y vuelva a leerlos. Habiendo sido salva desde hace varios años, me doy cuenta de que incluso cuando *conocemos* algunas escrituras, podemos hacernos perezosos al ponerlas por obra, si no somos diligentes para leerlas y meditar en ellas con regularidad.

Quien es categórico acerca de conocer la Biblia y pasa tiempo regularmente en ella, es más probable que se mantenga firme en las promesas bíblicas soberanas de Dios cuando surgen los problemas.

Encienda la luz

Probablemente usted ha experimentado lo que yo acabo de experimentar: se había estado preguntando cuál podría ser la voluntad y la dirección de Dios acerca de algo y después, durante su tiempo de lectura Bíblica, de pronto fue como si la luz se encendiera. No estaba buscando un versículo específico en ese momento, sino simplemente se sentó a leer. Sin embargo, de alguna manera, se sintió revitalizado y su situación parecía ser más conquistable que antes.

Cuando invierte tiempo constantemente en la Biblia, algunas veces un versículo que habla de su situación al azar le *resaltará*. ¡Ni siquiera tiene que hacer que las páginas se abran "accidentalmente" esperando que suceda!

Me recuerda una vez en la que estábamos atravesando algunos problemas en los que el ministerio estaba siendo perseguido. Una mañana en particular sentí mucha presión. Durante mi tiempo matutino de lectura bíblica, casualmente abrí mi Biblia en Lucas 21:17–18, donde Jesús dice que los miembros del pueblo de Dios serían aborrecidos por amigos cercanos y odiado por su nombre. De pronto, me resaltó el versículo 18. Dice: *"Pero ni un cabello de vuestra cabeza perecerá"*. Inmediatamente supe que esa palabra era para nosotros y que Dios nos estaba asegurando que nuestro ministerio no sufriría contratiempos por causa de los ataques presentes.

Por ello es una tragedia que no pasemos tiempo de lectura en las Escrituras.

Debido a que la Palabra de Dios está ungida, esta puede hacer que las situaciones imposibles parezcan conquistables, incluso cuando no estamos meditando específicamente en un versículo que se aplique a lo que estamos enfrentando. Las Escrituras tienen el poder de Dios, de manera que producirán fe en su área de necesidad, ¡incluso cuando esté leyendo algo completamente distinto! Recuerde el famoso versículo de Hebreos 4:12:

> Porque la palabra de Dios es viva y eficaz, y más cortante que toda espada de dos filos; y penetra hasta partir el alma y el espíritu, las coyunturas y los tuétanos, y discierne los pensamientos y las intenciones del corazón.

Este versículo quiere decir que todas las palabras de la Biblia son inspiradas por Dios. No son como las palabras de cualquier libro. Estas palabras son vivas y cuando las leemos, las recitamos y meditamos en ellas, provocan algo en nuestro corazón.

Pero observe que el versículo dice que las palabras de Dios parten el alma y el espíritu. En otras palabras, separarán las cosas de la carne de las del espíritu. Este es uno de los obstáculos más grandes para encontrar la dirección divina: separar lo que es de Dios de lo que viene de fuentes terrenales. Las Escrituras iluminarán las cosas de Dios para que se distingan de las cosas carnales y sean las más visibles.

Por ejemplo, a algunos cristianos se les dificulta distinguir entre un mensaje del enemigo y una advertencia o aviso del Señor. No están seguros de si ese mal pensamiento es Dios advirtiéndoles algo o el enemigo intentando implantar temor en su corazón. Eso significa partir el alma y el espíritu. La Palabra de Dios en su corazón hará la división por usted de manera sobrenatural y usted no vivirá de suposiciones.

Además, algunas veces se nos dificulta averiguar la voluntad de Dios acerca de algo, porque las intenciones de nuestro corazón están contaminadas. Algunas veces no nos damos cuenta o no deseamos admitirlo. Pero el versículo anterior también dice que las Escrituras comenzarán discernir las intenciones de nuestro corazón.

Por ejemplo, probablemente esté intentando decidir si comprar cierto coche o no. Si ha invertido tiempo diligentemente en las Escrituras, verá que Dios medirá la intención de su corazón, incluso si usted no ha leído un solo versículo que se adapte a su decisión. Si la intención de su corazón es comprar un coche nuevo porque el suyo es ya viejo y su familia verdaderamente necesita otro, entonces eso se revelará. Si la intención de su corazón es comprar un coche nuevo por codicia, porque todos sus amigos y colegas compraron coches nuevos recientemente, entonces la voluntad de Dios le será revelada.

Si su corazón es sensible al Señor, usted estará dispuesto a admitir las intenciones de su propio corazón y arrepentirse cuando sea necesario. Algunas veces todo lo que Dios necesita para darnos su dirección divina es que examinemos nuestro corazón y nos arrepintamos de algunas cosas. La intención no examinada de nuestro corazón es cegadora. Muchas personas no pueden averiguar la voluntad de Dios, porque no permiten que la Palabra ilumine su corazón. Pero si nos hacemos el hábito de leer y meditar en la Biblia, Dios nos hablará acerca de los motivos de nuestro corazón que necesitamos ajustar.

Encontraremos más fácilmente la voluntad de Dios a través de las Escrituras, simplemente mediante leerlas y estudiarlas habitualmente, en lugar de buscar en ellas algo con desesperación de manera ocasional. La Biblia produce fe (vea Romanos 10:17), incluso cuando no pensamos que lo que necesitamos sea exactamente una descarga de fe. Produce prudencia para las cosas, inclusive cuando no creemos que haya algo de qué preocuparnos. Estos resultados son automáticos, porque la Palabra de Dios es viva y le imparte la voluntad soberana del Señor y sus decretos directa *e* indirectamente.

Por lo tanto, cuando pasamos tiempo regularmente en la Palabra de Dios, podemos esperar que se produzcan fe y revelación. Entonces, cuando de pronto enfrentamos una situación en la que necesitamos la dirección de Dios, lo hacemos teniendo ya una ventaja. Enfrentamos las situaciones ya preparados, con una sensación de victoria y confianza, y una buena ventaja clara de lo que debemos hacer.

Es por ello que la Biblia dice en Salmos 119:105: *"Lámpara es a mis pies tu palabra, y lumbrera a mi camino"*. Es un libro de dirección divina y mantendrá encendida la luz de Dios dentro de su corazón todo el tiempo. Esto facilita en gran manera encontrar la voluntad y el plan de Dios, incluso en las decisiones más difíciles de la vida.

Entre en el plan PBPA

Para ayudar a simplificar las cosas, posiblemente pueda recordar un plan simple para utilizar la Biblia con el fin averiguar la voluntad de Dios. Piense en estas siglas: P. B. P. A. Significan: *Prepárese, Busque, Pida* y *Anote*. En lugar de seguir intentando que las páginas se abran en versículos al azar, intente seguir este plan específico.

Prepárese

Hágase el propósito de invertir un tiempo en la lectura bíblica todos los días o por lo menos la mayor parte del tiempo. Se sorprenderá de lo que pueden hacer 15 minutos extra de atención completa en la Biblia.

Busque

Cuando enfrente una situación, busque un versículo. No importa cuán familiar le sea el versículo. Si concuerda, ¡utilícelo! Haga un estudio y busque versículos nuevos acerca de aquello con lo que está lidiando. ¡Obtenga una revelación de la Biblia acerca de su situación o simplemente obtenga una revelación en general!

Pida

Pídale al Espíritu Santo que le revele cosas nuevas de la Palabra de Dios. Pídale que le muestre dónde buscar. Algunas veces se sentirá dirigido justo cuando se lo pida o el Señor puede darle algo más tarde cuando menos se lo espere. Escuche los sermones de su pastor, puede ser que él lea justo el versículo que usted necesita. Si usted le pide al Señor que se lo muestre, Él lo hará de una u otra manera. Solo pida y confíe en que Dios se lo mostrará.

Anote

Anote los versículos que escuche y los que busque. Puede encontrar muchos versículos, pero yo personalmente me concentro en dos o tres y los retengo en mi corazón. Aunque reviso otros, algunas veces si intento retener muchos todos los días, no permanezco concentrada. A menudo utilizo fichas para escribir un par de versículos clave y llevarlos en mi Biblia. Los saco durante mis tiempos de oración, los leo en voz alta y medito en ellos. También oro con esos versículos y le agradezco a Dios que estén obrando en mi situación. Anoto las cosas que estudio y las utilizo para asegurarme de que estoy en la voluntad de Dios.

Además, tome notas de las cosas que Dios pueda llegar a revelarle a su corazón. Cuando escuche algo o sienta algo, escríbalo también.

No hay nada más gratificante que tener la confianza de estar recibiendo dirección divina a partir de la Biblia. Entre más utilice la Palabra de Dios de esta manera, su habilidad crecerá más. Seguramente tendrá éxitos y fracasos, ¡pero descanse en que su éxito será mayor que sus fracasos al hacer crecer su capacidad de conocer la voluntad de Dios a través del uso regular de la Biblia!

Capítulo cuatro

ESCUCHE LA VOLUNTAD DE DIOS A TRAVÉS DE LOS PROFETAS Y DE OTRAS PERSONAS

Porque con ingenio harás la guerra, y en la multitud de consejeros está la victoria.

PROVERBIOS 24:6

A todos nos gustan los consejos. Algunas personas prefieren recibirlos directamente, mientras que otros lo prefieren de manera indirecta. Aquellos a quienes les gusta recibir consejos directamente, llaman rápidamente a sus amigos o a la línea telefónica de oración. Aquellos a quienes no les gusta que la gente se involucre en sus asuntos personales, prefieren recibir ayuda en la Internet o de una columna de autoayuda que puedan leer en privado. La verdad es que la gente siempre busca consejo acerca de todo, incluyendo la economía, asuntos profesionales, consejos domésticos, dietas y ejercicio y salud. Los cristianos desean recibir consejo espiritual igualmente.

En la búsqueda humana de consejos, la gente experimenta una impulsiva necesidad de conocer su destino. En el mundo no cristiano, muchos buscan psíquicos, el horóscopo y medios similares. Los cristianos normalmente se alejan de esas cosas, pero tienden a buscar a otros cristianos, líderes y profetas. La verdad del asunto es que la gente desea saber todo acerca del lado desconocido que rodea su vida y espera vislumbrar su futuro o sus situaciones presentes, para así poder saber cómo responder.

No hay duda de que *todos* necesitamos un buen consejo. La Biblia dice en Proverbios 24:6: *"Porque con ingenio harás la guerra, y en la multitud de consejeros está la victoria".* Fundamentalmente, lo que significa es que mientras avanzamos en nuestros cometidos en la vida, estamos seguros cuando aceptamos consejos sólidos que sean conforme a la manera de pensar de Dios. Es por ello que el versículo dice que necesitamos *multitud* de consejeros. ¡Se necesita más de uno! Necesitamos varias fuentes humanas en nuestra vida que puedan ayudarnos a obtener la perspectiva correcta con Dios.

En el capítulo dos hablamos acerca de cómo escuchar a Dios antes de aceptar la intervención de otros. Aquí es donde la mayoría de personas comete errores. En lugar de buscar primero a Dios atentamente, acuden a una persona. Buscar y escuchar a Dios es la habilidad clave que todo creyente debe poseer.

Sin embargo, una vez que hemos establecido el patrón de acercarnos primero a Dios y escuchar su voz, entonces necesitamos seguir con las precauciones correctas que otras personas pueden darnos. Los demás pueden ayudarnos a determinar si estamos escuchando con exactitud al proporcionarnos un equilibrio. Debido a que las personas tienen enfoques distintos, ellas en conjunto nos pueden dar una visión panorámica de la situación que nos ayuda a verla desde todos los ángulos.

Algunos cristianos no desean que nadie constate sus revelaciones. He conocido a algunos creyentes que han quedado afectados por cosas extrañas que afirman que Dios les ha dicho. Entonces piensan que quien trate de verificar sus ideas está en su contra. Por supuesto, a nadie le gusta la crítica constructiva y no todo el consejo que recibimos de los demás debe ser de esa manera. Solamente necesitamos estar abiertos y ser enseñables para recibir la opinión de los demás, sabiendo que todos podemos cometer errores, sin importar cuánto tiempo hayamos servido al Señor.

Dios confía mucho en la gente. Él utiliza a la gente para ayudar a la gente. Una vez que Dios nos haya hablado en privado, también nos hablará a través de personas en quienes podamos confiar. Siempre necesitamos estar preparados para ello. El problema que tiene la mayoría cuando recibe un consejo de la gente, es que cae en los extremos. Nos involucramos tanto con la opinión de los demás, que olvidamos utilizar nuestra propia capacidad de escuchar a Dios o ignoramos la importancia de escuchar a los demás, simplemente porque no deseamos que nadie más se involucre.

No obstante, existen algunos principios fundamentales necesarios al escuchar el consejo de los demás, cuando aprendemos a aplicar apropiadamente su intervención para recibir dirección divina. La razón principal por la que es tan importante tener estos tres principios, es por el factor del error humano. No importa quién intervenga, todos los humanos están sujetos a cometer errores.

En este capítulo, discutiremos cómo escuchar las *tan necesarias* precauciones de consejo que vienen de la gente a nuestro alrededor sin preocuparnos por ser destrozados por sus defectos humanos. También veremos la importancia de no enfatizar en demasía la necesidad de la intervención humana cuando buscamos la dirección de Dios. Necesitamos un enfoque equilibrado.

LOS SIERVOS DE DIOS, LOS PROFETAS

En la actualidad se enfatiza mucho el ministerio de los profetas, debido a que Dios ha restaurado su importancia en la Tierra. Necesitamos profetas, pero al igual que para cualquier otro ministerio, también necesitamos establecer su función correctamente. Algunos grupos descartan por completo el ministerio contemporáneo de los profetas, mientras que otros convierten todo lo que se mueve en algo profético. En esos grupos, prácticamente todos son profetas.

Aunque podríamos invertir bastante tiempo validando el ministerio del profeta, deseamos poner en perspectiva este importante ministerio. Deseamos designar correctamente el uso de lo profético al averiguar la voluntad de Dios para las situaciones. Cualquier cosa, incluso lo de Dios, utilizado incorrectamente, puede provocar un daño en lugar de causar el bien que Dios planeó. Algunos han descartado e ignorado la profecía cuando se trata de algo personal. Otros han llevado el uso de la profecía al extremo y cometido errores costosos.

La Biblia dice en Amós 3:7: *"Porque no hará nada Jehová el Señor, sin que revele su secreto a sus siervos los profetas"*. Aquí podemos ver que Dios se asegura de que sus profetas conozcan los planes de Dios antes de que Él los lleve a cabo. Sin embargo, continuando con el contexto de este capítulo en el que está escrito el versículo anterior, no podemos tomar esto para decir que Dios siempre tendrá un profeta personal disponible para nosotros cuando necesitemos dirección divina. Obviamente, eso no es realista.

Este capítulo de Amós habla en general acerca de los planes más grandes de Dios con respecto a las naciones de la Tierra y del pueblo de Dios en conjunto. No quiere decir que *debemos* tener un profeta personal para hablarnos específicamente antes de estar seguros acerca de la voluntad de Dios con respecto a algo. Algunas veces la voluntad de Dios utiliza a los profetas de la iglesia para hablarnos personalmente. Sin embargo, debido a que no siempre habrá un profeta disponible, no podemos depender de ello como el método principal para obtener la dirección divina. No obstante, si el Espíritu Santo proporciona la posibilidad de acudir a los profetas, necesitamos saber cómo apropiarnos de las palabras proféticas que recibimos.

A lo largo de nuestros años de ministerio nos han dado varias profecías. Algunas de ellas confirmaron cosas que ya sentíamos, pero otras nos dieron una revelación de cosas de las cuales no teníamos idea que estaban en el corazón de Dios. Eran totalmente nuevas para nosotros. Cada tipo de profecía requiere de un enfoque diferente, pero se deben seguir algunos principios importantes para cada tipo de palabra profética que recibimos.

Para ser breves, enfoquémonos en cuatro principios claves para manejar correctamente las profecías. Estos principios pueden aplicarse a la manera en que abordamos la profecía personal y la profecía colectiva, la cual está dirigida a una audiencia mayor.

Permita que la profecía madure a través de la fe y la oración

Si usted recibe una profecía, no salte y responda hasta llevarla ante el Señor y permitir que sea cubierta en oración. Muchas profecías, especialmente aquellas que nos proporcionan información que "jamás habíamos escuchado", necesitan tiempo para que podamos aplicarles fe.

Hace años, antes de pastorear nuestra iglesia, viajábamos

de tiempo completo por el ministerio. Durante un servicio, recibimos una profecía en la que quien la dio, dijo: "El Señor dice que pastorearán una iglesia". En ese tiempo, pastorear una iglesia *no* estaba en nuestro corazón. De hecho pensamos: *Este hombre está equivocado. ¡Jamás pastorearemos!* Bueno, ¡sorpresa, sorpresa! Años después comenzamos y ahora pastoreamos una iglesia bastante próspera. Sin embargo, mientras tanto, Dios necesitaba una temporada para hacer crecer nuestra fe y permitirnos orar a través de ella. Necesitábamos madurar para poder llevar a cabo la profecía. ¡Cuando recibimos la profecía no estábamos ni remotamente listos para pastorear!

Se necesita fe y oración poderosa para que sucedan ciertas profecías, especialmente aquellas acerca de comenzar ministerios o que corresponden a niveles mayores de milagros. Incluso el poderoso profeta Elías, quien profetizó que no llovería (vea 1 Reyes 17:1) tuvo que orar para que sucediera su propia profecía (vea Santiago 5:17).

Anote las palabras proféticas que reciba y ore al respecto. En la actualidad tenemos la ventaja de poder grabarlas. Transcribir sus profecías es una idea maravillosa para poder tenerlas como referencia. Ore al respecto y permita que el Espíritu Santo las desarrolle con el tiempo. Si no son de Dios, finalmente se debilitarán y perderán importancia en su mente. Si verdaderamente son de Dios, estas crecerán y se desarrollarán. Esto sucede igualmente con las profecías que reciben grupos completos, como naciones o iglesias.

ESPERE EL TIEMPO DIVINO

Algunas personas cometen el error de apresurarse y tomar decisiones arrebatadas por causa de una profecía. La mejor manera de responder a una profecía es esperar pacientemente y permitir que Dios establezca el tiempo correcto. Esperar el tiempo correcto es clave para obtener éxito en seguir la voluntad de Dios a través del uso de la profecía. Algunas veces se necesitan momentos divinos y acontecimientos para que la voluntad de Dios y el propósito de la profecía se establezcan.

Usted reconocerá el tiempo correcto de Dios cuando Él comience a abrirle puertas clave y le proporcione las oportunidades correctas de manera divina. Es por eso que no debemos precipitarnos hacia las cosas, solamente porque nos "dieron una palabra". Sí, algunas veces Dios espera que demos un paso adelante en obediencia con una fe ciega, pero este tipo de profecías a menudo le serán dadas por medio de aquellos que lo conocen y están familiarizados con su vida, por ejemplo, a través de un pastor de confianza.

Normalmente cuando los profetas de la Biblia le daban instrucciones divinas a alguien, ellos ya se habían ganado la confianza de la audiencia. Dios no le va a exigir hacer cosas extremas como renunciar a su empleo, vender todas sus pertenencias y mudarse a otro país solamente porque algún profeta en un congreso le dijo que era llamado a ayudar a las almas perdidas en tierras extranjeras.

Dele tiempo al Espíritu Santo para preparar las cosas. Desde luego que si está seguro de que la profecía es la voluntad de Dios para usted, puede haber maneras simples en las que usted puede mostrarle su fe y su disposición a Dios; pero en las decisiones mayores, permita que el tiempo divino haga lo suyo. Si usted está sometido a Dios en su corazón, sin duda, Él le ayudará a llevarlo a cabo. De hecho, el Señor arreglará las cosas que *le ayudarán* a caminar en ello. Usted no debe responder precipitadamente por ignorancia e involucrarse en algo que no era del Señor o adelantársele en algo para lo que usted no estaba listo.

La gente comete los mismos errores en cuanto a las profecías públicas que se les dan a grupos. Muchos respondieron precipitadamente a las "profecías" recibidas años atrás por temor al año 2000. La gente vendió casas, construyó búnkeres y se abasteció de lámparas de emergencia. Al final, no sucedió ninguna de esas profecías. Estoy segura de que muchas de las personas que respondieron y gastaron su dinero, desearían haber esperado y tomado decisiones más prudentes.

ESPERE UNA CONFIRMACIÓN ADICIONAL

Si la profecía que ha recibido es del Señor, espere a que el Espíritu Santo la complete. Si escucha la profecía y nada que parezca ser otra pieza del rompecabezas sucede, es posible que esa profecía no haya provenido del Señor.

Cuando recibimos la profecía de que pastorearíamos una iglesia sentimos que era un error. Sin embargo, años después, las cosas comenzaron a suceder y el Espíritu Santo comenzó a poner el deseo en nuestro corazón de pastorear. Para entonces, casi habíamos olvidado la profecía de años atrás, pero la recordamos cuando de pronto comenzamos a sentir que debíamos abrir una iglesia. Más tarde comenzaron a llegar muchas confirmaciones más. También comenzamos a recibir profecías adicionales con respecto a ser pastores. Probablemente la confirmación más grande fue cuando nuestro pastor sintió que Dios nos estaba dirigiendo hacia Omaha para abrir una iglesia. De manera que incluso sin las profecías adicionales, esa confirmación fue la que cerraba el trato.

Observe que no solamente creímos la profecía, sino que esperamos varias confirmaciones, ya que abrir una iglesia era una decisión importante. Si Dios va a utilizar a profetas y la profecía para revelar su voluntad en nuestra vida, Él traerá situaciones y otras cosas junto con ellas para asegurarnos que la palabra profética proviene de Él.

RECIBA DIRECCIÓN PASTORAL

Existe una gran controversia acerca de la importancia de que los pastores evalúen ciertas decisiones de nuestra vida. Una vez más, necesitamos un enfoque equilibrado. Cuando se trata de recibir el consejo de nuestros pastores para algunos asuntos, tenemos que tomar en cuenta varios factores. Primero, al igual que en el caso de recibir la palabra de los profetas, puede ser que la dirección pastoral personal y directa, no esté disponible para todos. Esto sucede en iglesias grandes en las que es virtualmente imposible que todos tengan acceso al pastor principal o incluso a un pastor adjunto. Sin embargo, necesitamos considerar el papel bíblico de un pastor y darnos cuenta de que los pastores *sí* poseen la gracia de Dios para hablar a nuestra vida. Esto puede ser directa o indirectamente, dependiendo de la estructura particular de una iglesia.

Primero necesitamos ver que, aunque tengamos poco contacto directo con nuestro pastor o los pastores adjuntos, aún así los pastores tienen la gracia para ayudarnos, dependiendo del tamaño y la estructura de la iglesia. Recuerde la escritura de Hebreos 13:17 que dice:

> Obedeced a vuestros pastores, y sujetaos a ellos; porque ellos velan por vuestras almas, como quienes han de dar cuenta; para que lo hagan con alegría, y no quejándose, porque esto no os es provechoso.

Este versículo parece señalar específicamente a los líderes espirituales, tales como los pastores, porque dice que velan por nuestras almas y dan cuenta de ellas. A partir de esto vemos un mensaje bíblico equilibrado acerca de la responsabilidad pastoral en nuestra vida.

Desde luego, en muchas iglesias modernas, este se ha convertido en un tema delicado por causa de los asuntos de control pastoral y abusos en la iglesia. Sin embargo, necesitamos a los pastores y existe un mensaje bíblico vigente acerca de escuchar su consejo y ser obedientes a su autoridad espiritual.

Esto no quiere decir que siempre deba hacer una cita pastoral o tener un consejo pastoral en todas las decisiones que tome; ni siquiera es posible hacerlo en todas las iglesias. En algunas iglesias más pequeñas, el pastor a menudo es más accesible al respecto y la gente tiene la libertad de pedirle algún sabio consejo divino. En iglesias más grandes esto más bien sucede con los pastores o líderes adjuntos. Al final, incluso después de buscar la opinión pastoral, necesitamos la habilidad de escuchar a Dios nosotros mismos.

A lo largo de los años, hemos tenido reuniones con personas que han buscado nuestra opinión y nos gusta que vengan a compartirnos aquello que creen que Dios les está diciendo. Eso no quiere decir que deban llegar con alguna resolución, de lo contrario no habría razón para reunirnos. Sin embargo, deben poder decirnos lo que creen que Dios les está diciendo y permitirnos agregar algo y darles una opinión bíblica y espiritual acerca de sus conclusiones.

Lo que esperamos es que, si la gente desea reunirse con nosotros, que estén abiertos a lo que nosotros les diremos, a descubrir si es coherente con la Biblia y a recibir un consejo prudente. Nuestra verdadera esperanza es que nuestra opinión anime a la gente con respecto a lo que ya sienten que el Espíritu Santo les está diciendo. Algunas veces no les parece coherente, pero es por ello que todos necesitamos algunas veces que la gente analice lo que sentimos en nuestro corazón. Todos podemos cometer errores.

Por lo tanto, ¿qué debemos hacer al recibir la importante opinión bíblica de un pastor, a pesar de las diferentes estructuras, tamaños y culturas de las iglesias? Existe un par de pautas clave que nos ayudarán a incorporar este ingrediente primordial para caminar en la voluntad de Dios.

TENER EL CORAZÓN DE SU PASTOR

Uno de los mejores métodos para obtener un consejo pastoral es que usted lleve el ritmo de su iglesia y conozca cómo piensan, operan y llevan a cabo las cosas sus pastores. Conozca su unción. No podemos hacerlo a menos que nos involucremos en nuestra iglesia local. Si solamente asiste esporádicamente y nunca se involucra en el servicio en alguna manera, es posible que se le dificulte sentir "el espíritu de la iglesia". Necesita formar parte de la "escena", por así decirlo. Cuando lo hace, no solamente se hace parte de la gracia que el pastor tiene, sino también recibe una impartición de la unción de la "casa".

Es como el aderezo "de la casa" para la ensalada en un restaurante. Tiene un sabor como en ningún otro restaurante. Es único de ese establecimiento. Las iglesias funcionan de la misma manera. Cada una tiene un sabor y una unción ligeramente distintos. Todos los pastores tienen un estilo, liderazgo y ministerio ligeramente distintos. Esto no hace que una iglesia en particular esté bien o mal; mientras el estilo sea bíblico, solamente las hace distintas.

Una vez más, hablar de sintonizarse con el espíritu de su

iglesia les preocupa a quienes piensan que en su comunidad no hay muchas opciones de iglesias. Sienten que su iglesia es aceptable, pero no es lo que desearían. No obstante el nivel en que esté, o desearía que estuviera, su iglesia, si es la mejor opción que ha encontrado, conéctese de todas formas. Si continúa sintiendo que debe asistir ahí, entonces Dios puede utilizar eso en su vida. Se sorprenderá de la manera en que el pastor tendrá gracia con usted y podrá impartirle ciertas cosas a su vida.

Cuando asista a la iglesia, absorba la predicación y aplíquela en su vida. Si confía en la santidad y en la doctrina de su pastor, entonces debe intentar aplicar lo que él le comparte. Evidentemente, ¡después de predicar muchos sermones, sé que algunos pastores dan unos súper sermones, mientras que otros son un poco secos! Al final, a pesar de la manera en que comparta su pastor, usted puede aprender algo del sermón. Escuche la prédica y se sorprenderá de la dirección que recibirá en el tiempo de necesidad.

A medida que vaya entrando en el ritmo de su iglesia y del liderazgo pastoral, puede preguntarse: "¿Qué haría mi pastor en esta situación?". Y posiblemente recuerde uno de sus sermones o alguna profecía que dio durante un servicio.

Conseguir ayuda pastoral para las grandes decisiones

Cuando sentimos que el Señor nos estaba diciendo que abriéramos una iglesia, tuvimos la bendición de contar con la intervención directa de nuestro pastor. No creo que nos hubiéramos sentido cómodos avanzando sin ella. Sé que no todos tienen fácil acceso a su pastor o al personal pastoral para todo cuanto estiman de peso; sin embargo, creo que es necesario tener el conejo pastoral en las decisiones importantes de la vida. Entre ellas caben: casarse, comenzar un ministerio de tiempo completo, mudarse a otro estado o país, o cosas similares que involucren decisiones a largo plazo o definitivas. En algunas iglesias se puede solicitar reuniones de dirección para tales propósitos. Si en la suya están disponibles, le animo a solicitar una reunión de acuerdo con las pautas de su iglesia.

Deberíamos poder tomar las decisiones menos importantes nosotros mismos o posiblemente con la intervención de su cónyuge o de un familiar cercano. Sin embargo, es bueno mirar más allá de nosotros mismos y de la familia cuando se trata de tomar decisiones de largo plazo en las que estamos intentando seguir a Dios. Un ejemplo común es al buscar un ministerio de tiempo completo.

Cuando se trata de participar en algún ministerio de tiempo completo que no es directamente auspiciado por su iglesia, una muy buena idea es pedirle a su pastor que evalúe y apruebe la legitimidad del plan. Cuando sea posible, resulta mejor que la iglesia local establezca y canalice los ministerios. Sin embargo, no siempre hay una fórmula clara para este tipo de cosas, porque existen muchas estructuras diferentes en las iglesias y redes de ministerios de todo el mundo. Cada una de ellas tiene sus propias pautas para aquellos que buscan involucrarse en el ministerio a tiempo completo.

Personalmente ni siquiera consideraría participar en un ministerio a tiempo completo sin la evaluación de un ministerio válido que fuera compatible con mi situación y llamado. En la mayoría de los casos, esto lo hace el pastor de la persona. Si mi pastor me dijera que no siente que mi búsqueda de ministerio sea de Dios, yo me esperaría a que las cosas evolucionaran y a que él se sintiera seguro de darme su aprobación.

Creo que una de las razones por las que tenemos a gente herida, que se siente perdida y maltratada en la Iglesia, es porque han comenzado ministerios fuera de la voluntad de Dios. Desde luego, no todas las personas "heridas" en las iglesias lo están por esa razón. Algunos están heridos por su propia carnalidad. Pero, muchas de estas "iglesias"que han comenzado con ministros siendo ordenados vía correo electrónico y con tareas autoimpuestas, han provocado problemas graves.

La gente se conecta con estos ministerios y se confunde y desvía, porque están sujetos a un liderazgo precipitado, con poco entrenamiento, *muy* desorganizado, que comenzó sin algún tipo de control válido o equilibrado. Muchas organizaciones están ordenando como ministros a gente de la que conocen muy poco. Necesitamos someternos a pastores de calidad que tengan un fruto *legítimo* en su ministerio y permitir que nuestro llamado se desarrolle bajo este tipo de líderes.

Si usted va a tomar una decisión importante, busque la evaluación pastoral de aquellos líderes que lo conocen y que no temen abordar algunos temas que podrían meterlo en problemas en los siguientes años. No rechace el consejo del personal pastoral de su iglesia, solamente porque no está de acuerdo con ellos.

He visto a mucha gente que se ha levantado sin un consejo pastoral y termina destruida y herida. Cuando se trata de las decisiones importantes de la vida, un pastor prudente y con una gran experiencia salva a muchos de un mar de tormentas, incluso cuando ellos no puedan comprender las razones del pastor en ese momento. Para otros, de haber obedecido a su pastor, habrían evitado dificultades serias al seguir la voluntad de Dios. Puedo decir que la intervención de nuestro pastor nos ha salvado de varios errores perjudiciales.

EL CONSEJO DE AMIGOS Y FAMILIARES

Nuestros amigos y familiares más cercanos a menudo nos conocen mejor que nadie. ¡Ellos conocen nuestras cualidades y también nos ven cuando no somos encantadores! Ellos tienen asientos de primera fila para ver nuestros defectos. Conocen todos nuestros ángulos.

A menudo, cuando hablo acerca de la familia y el matrimonio, digo bromeando que cuando era soltera pensaba que era la cristiana "perfecta", ¡pero que una vez que me casé, comencé a pensar que necesitaba liberación de los demonios! Lo digo de broma, porque cuando nuestro cónyuge entra en nuestra vida y piensa de manera diferente que nosotros acerca de algunas cosas, de pronto los defectos saltan a la luz. ¡Nos damos cuenta de que no somos tan perfectos como alguna vez lo pensamos!

Le agradecemos a Dios por las personas cercanas que pueden ayudarnos a vernos como realmente somos.

Es cierto también que las relaciones familiares y de amistad pueden complicarse. Tenemos familiares, amigos y también, por supuesto, aquellos viejos amigos de la familia que hemos conocido durante años. Cada uno piensa que su opinión es la más valiosa en nuestra situación. Junto con su consejo están sus propios ideales desarrollados por sus experiencias, antecedentes y preferencias personales. Algunos de esos consejos son buenos, ¡mientras que otros pueden ser carnales, mundanos o incluso tontos!

Los problemas surgen cuando sentimos que debemos

decirles a nuestros amigos o familiares que no creemos que sus ideas sean las apropiadas para nosotros. De pronto, nos arriesgamos a comenzar una revuelta con los demás familiares. Antes de que nos demos cuenta, el hermano llama para decir que siente que fuimos un poco duros con mamá y dice: "Debiste ser más amable con ella, después de todo, ¡debemos pensar en su salud!". ¿Le parece conocida esta escena?

Además, estos conflictos pueden provocar que nuestros sentimientos sean heridos y que entonces nuestras emociones comiencen a trabajar en nosotros, hasta que todo sea confuso.

Ejemplos como los que hemos descrito hacen que nos demos cuenta de que aunque necesitamos que nuestros familiares y amigos se involucren en nuestra toma de decisiones, también necesitamos saber cómo y cuándo es conveniente su intervención. Las relaciones cercanas pueden ser la clave para averiguar la voluntad de Dios, pero necesitamos algunas pautas para saber cuándo decir sí y cuándo no.

Hablemos brevemente de tres pautas clave. Es importante observar que todas funcionan juntas. Lo que quiero decir con esto es que no podemos incorporar una sin considerar las demás. Realmente necesitamos tenerlas todas en mente cuando decidamos recibir la intervención de familiares y amigos, con el fin de conocer la voluntad de Dios para nuestra vida.

Necesitamos relaciones sanas

La razón por la que mucha gente es engañada a través del consejo de familiares y amigos, es porque las relaciones de las que obtienen las opiniones no son sanas. Yo no soy una consejera certificada, pero mis años de ministerio y experiencia con la gente, me han ayudado a ver cómo la gente rota crea relaciones rotas. Esto daña en gran manera la vida de la gente.

Es difícil confiar en la opinión de las personas acerca de la dirección hacia la cual navegar, cuando han hecho encallar sus propios barcos. Resulta más dañino aún cuando existen muchas heridas y sentimientos negativos entre la gente. Algunas situaciones familiares son difíciles de reparar, a menos que los involucrados estén dispuestos a repararse a sí mismos.

Eso, por supuesto, no significa que si sus relaciones de familia no son las ideales, usted nunca pueda escuchar a sus familiares. Lo que significa es que debemos mantener en perspectiva el asunto de las vidas rotas, además de nuestras propias áreas en las que batallamos. Pídale ayuda al Señor con respecto al manejo de la relación con los familiares. Con la ayuda de Dios, intente conducirse hacia las áreas positivas que nos proporcionan estas personas. Cuando sea posible, permítase recibir de las partes más sanas de la relación e intente evitar las malas.

Si la relación rota es el matrimonio, la consejería profesional cristiana o un consejo pastoral de calidad, le pueden ser útiles. Solamente recuerde que entre más sana sea la relación, usted podrá dar y recibir una mejor opinión. Esto se debe a que ambos lados se sienten seguros de que es una opinión que no lo ofenderá, con la que no hay problemas de pecado o motivos equivocados.

Las relaciones malsanas también pueden representar a las personas que no le proporcionan ningún bien, tal como un amigo de la escuela, un compañero de trabajo o un vecino. Algunas relaciones son puestas estratégicamente por el enemigo para llevarnos por el camino equivocado.

Es así como muchas personas han sido atraídas hacia el adulterio. Se rodean de personas con quienes siempre han sabido que no debían estar. Sabían que no debían haber hecho amistad con alguien del género opuesto que no fuera su cónyuge, pero de todas maneras lo hicieron. Eligieron continuar con esa relación equivocada.

Muchos adolescentes se meten en problemas, por amigos que los han comprometido. La gente en la iglesia cae en carnalidad simplemente por seguir a otros cristianos carnales. La lista continúa, pero la verdad es que si deseamos un consejo santo de aquellos que nos rodean, debemos tener relaciones sanas.

Si usted busca recibir intervención de otras personas para averiguar la dirección divina, diríjase a aquellos con quienes tiene una relación sana. Vaya más allá y asegúrese de que ellos sean personas que también sepan cómo mantener relaciones sanas en su vida.

DISTINGA ENTRE AMIGOS CERCANOS Y CONOCIDOS

Otra razón por la cual se nos dificulta obtener las opiniones correctas, es porque buscamos a personas que no son más que conocidos. Pueden ser compañeros de trabajo o algún amigo de la iglesia, pero eso no quiere decir que esté calificado o preparado para hablar a nuestra vida. Esto sucede particularmente con respecto a problemas privados que requieren de alguien que nos conozca mejor y que haya tenido la oportunidad de ver el panorama completo de la situación. No podemos esperar que quienes no estén tan involucrados en nuestras vidas, nos den una opinión equilibrada que se base solamente en lo que les hemos dicho.

Cuando se trata de las ideas más importantes de la vida para las cuales buscamos la voluntad de Dios, necesitamos permanecer con quienes están cercanos a nosotros. Es comprensible que nuestras amistades cercanas puedan cambiar y evolucionar con los años, pero necesitamos buscar a aquellos que actualmente nos sean más cercanos. Estas son personas que conocen nuestra personalidad y no temen decirnos cómo es que nuestros defectos pueden interferir en nuestras circunstancias presentes.

A menudo, a la naturaleza humana le gusta acudir a aquellos que no son tan cercanos. Algunas veces valoramos más una opinión externa e imparcial. Sin embargo, ¡esto no es sano cuando la gente que buscamos no conoce los hechos y solamente acudimos a ellos porque sabemos que nos dirán lo que queremos escuchar! Esa tendencia mete a mucha gente en problemas.

Cuando le sea posible, intente encontrar gente que pueda ser lo suficientemente honesta con usted, incluso si la verdad pueda lastimarlo. Por ejemplo, posiblemente usted espere que la voluntad de Dios sea casarse con una persona en particular y desea que sus amigos y familiares intervengan en su decisión. En lugar de ello, necesita gente que esté dispuesta a ser honesta y a compartir sus preocupaciones, de existir alguna. Esto sucede especialmente al tomar las decisiones importantes de la vida, tales como casarnos. Una decisión tal, tomada erróneamente sin la intervención de una persona cercana, puede dañar su futuro.

Separe lo espiritual de lo carnal

Todos hemos conocido a personas bien intencionadas que ofrecen sus consejos, pero al final, el único consejo digno de considerar es el consejo que está de acuerdo con Dios. Jesús tuvo que separar el consejo sano del consejo carnal proveniente de su propia familia. En Marcos 3:20–21 vemos que Jesús estaba en un momento intenso y atareado de su ministerio. Cuando su familia y amigos supieron cuan intenso era, comenzaron a pensar que se había vuelto loco. Decidieron detenerlo, probablemente solo con buenas intenciones. Posiblemente pensaron que Jesús estaba abrumado por la multitud y sus peticiones. Sin embargo, cuando su madre y sus hermanos llegaron a donde Él estaba, en los versículos 31–35, Jesús se levantó y dijo: *"¿Quién es mi madre y mis hermanos?"* (Marcos 3:33). Y continuó, diciendo: *"Porque todo aquel que hace la voluntad de Dios, ése es mi hermano, y mi hermana, y mi madre"* (Marcos 3:35).

Jesús no estaba siendo deliberadamente grosero con su familia. En este caso, Él estaba separando su comportamiento carnal del espiritual.

Hacer esta división a menudo parece ser una de las tareas más difíciles para los cristianos, especialmente al lidiar con otros cristianos. Piensan que porque algunas personas de la iglesia puedan tener una buena conversación, son espirituales o santos. Sin embargo, estas personas a veces olvidan revisar los frutos de otros. Jesús dijo que conoceremos al buen árbol por los frutos que dé (vea Mateo 7:16–20). Él no dijo que los conoceríamos por lo bien que hablan y nos convencen. Romanos 16:17–19 dice:

> Mas os ruego, hermanos, que os fijéis en los que causan divisiones y tropiezos en contra de la doctrina que vosotros habéis aprendido, y que os apartéis de ellos. Porque tales personas no sirven a nuestro Señor Jesucristo, sino a sus propios vientres, y con suaves palabras y lisonjas engañan los corazones de los ingenuos. Porque vuestra

obediencia ha venido a ser notoria a todos, así que me gozo de vosotros; pero quiero que seáis sabios para el bien, e ingenuos para el mal.

Aquí, la Biblia advierte sobre aquellos que lisonjean, pero que no tienen fruto con el cual respaldar sus palabras. Nos ordena alejarnos de ellos y no buscar sus opiniones en nuestra vida. La parte que deseo resaltar realmente, se encuentra en el versículo 19. Observe que dice: *"Porque vuestra obediencia ha venido a ser notoria a todos"*. En otras palabras, Pablo estaba diciéndole a su audiencia que las acciones de la gente al final se vuelven evidentes y pueden ser vistas por todos. Esto nos hace saber que en algún punto, todos tendrán frutos visibles, buenos o malos y que necesitamos escudriñar esos frutos antes de confiar en ellos para recibir consejo.

En primer lugar, cuando otras personas nos dan un consejo, tenemos que asegurarnos de que es un consejo que se alinee con las Escrituras. Me asombra la cantidad de "cristianos llenos del Espíritu" en la actualidad, que no se alinean en absoluto con el estilo de vida que la Biblia enseña. Entran en la Internet y publican comentarios que dan a entender que saben lo que dice la Biblia, pero sus acciones revelan lo contrario.

Puedo recordar muchas sesiones de consejería que he tenido con gente a lo largo de los años, en las que les he comunicado una porción de las Escrituras una y otra vez, pero en las que he estado segura de que no la estaban recibiendo. Cuando esto sucede, con mucha frecuencia la gente abandona mi oficina y hace exactamente lo contrario al consejo bíblico que recibieron. ¡El Cuerpo de Cristo necesita regresar a la Biblia ahora! *Todos* necesitamos hacernos responsables de nuestra conducta, actitudes, acciones e intenciones.

Asegúrese de que cualquier consejo que le den se alinee con la Biblia. Si usted pasa tiempo regular en su Biblia esto le será mucho más fácil. Si no lo hace, ni siquiera recordará lo que *sí* conoce de la Biblia y por ende no será tan apto para obedecerla.

En segundo lugar, asegúrese de que la gente de la que recibe consejo tenga frutos santos. Si asisten de vez en cuando a la iglesia o si cuando van, su lenguaje corporal revela que no están conectados, algo anda mal. Algo anda mal si usted ve signos de malos hábitos, como el que el cónyuge de la persona se ausente por largos e inexplicados periodos. Observe sus pasatiempos favoritos; algunas veces pueden revelarse problemas a través de estas cosas. Si usted es un poco más cercano a ellos y comienza a ver problemas económicos, como que su tarjeta de crédito es rechazada en un restaurante algunas veces o que su coche es embargado, piense que posiblemente tienen problemas de carácter.

Normalmente, lo que podemos ver como amigos en la iglesia o conocidos, solamente es una pequeña parte de todo lo que sucede en la vida de una persona tras puertas cerradas. Si observa con detalle, ¡el tipo de fruto que la gente está cosechando en los árboles de su vida será visible en un punto o en otro! La razón por la que muchos cristianos no lo ven, se debe a que no desean hacerlo por el compromiso de su corazón. Desean rodearse secretamente de gente con problemas de carácter y poco compromiso, porque esto los hace sentirse mejor con sus propios vicios secretos.

Si nos rodeamos de gente con vida santa que ofrece consejos

santos, tendremos una mayor oportunidad de permanecer en el camino correcto.

Dios utiliza el consejo de la gente en nuestra vida y si las intenciones de nuestro corazón están en el lugar correcto, es más probable que encontremos a aquellos que nos ayudarán a conducirnos en la dirección correcta. Tenga por seguro que Dios *sí* trae la intervención de profetas, pastores e incluso amigos y familiares para ayudarnos a ser personas equilibradas, sin tener que sentirnos solos cuando se trata de tomar buenas decisiones en la vida.

Al escuchar la voluntad de Dios para usted, sin importar cuán grande o pequeño sea el asunto, Dios traerá personas en escena para actuar como protección y equilibrar la situación.

Al buscar al Señor, escriba las opiniones de los demás en un diario. Procure que las profecías que reciba sean fácilmente visibles. Escriba los consejos de sus pastores, familiares y amigos. Al recopilar la opinión de los demás, aquello que realmente viene de Dios comenzará a repetirse. Probablemente comenzará a ver concordancia y un mensaje consistente que se comienza a formar de todas las opiniones que reciba.

Si usted sigue estos principios clave, tendrá una mayor influencia de aquellos que desean lo mejor para usted, mientras sigue al Señor.

Capítulo cinco

ESCUCHE LA VOLUNTAD DE DIOS A TRAVÉS DE LAS CIRCUNSTANCIAS Y DE LAS EXPERIENCIAS PERSONALES

repentinamente le rodeó un
resplandor de luz del cielo.

HECHOS 9:3

Todos lo escucharon, pero no pudieron ver nada. Fue el sonido de una voz imponente que llamó su nombre. La luz era tan brillante que lo arrojó al suelo, donde permaneció temblando. Todos los que estaban con él se quedaron sin palabras para describir lo que acababa de suceder. El acontecimiento dejó a uno ciego, pero no fue la ceguera lo que lo afectó tan intensamente.

Él permaneció desconcertado hasta el momento en que se levantó y descubrió que estaba completamente ciego. Escuchó la voz del cielo que decía su nombre: *"Saulo, Saulo, ¿por qué me persigues?"* (Hechos 9:4). La mayoría conoce la historia en Hechos 9, acerca de la asombrosa conversión del apóstol Pablo, quien una vez fue uno de los mayores enemigos de la Iglesia. Y un día, su vida fue completamente transformada por un acontecimiento sobrenatural.

Su conversión no fue nada menos que un milagro. Pocos

pueden presumir haberse hecho cristianos después de ver una luz que los derribó a tierra, seguida de una voz audible del cielo.

Sin embargo, nosotros necesitamos determinar si tales experiencias deberían ser la norma cuando intentamos averiguar la voluntad de Dios. No vemos que Pablo haya vuelto a tener un encuentro como ese, en el que recibió directrices tan específicas con respecto a la voluntad de Dios, las cuales establecieron el fundamento de todo su ministerio futuro. No obstante, vemos relatos en los que Pablo fue guiado en la voluntad de Dios por el Espíritu Santo en su interior (vea Hechos 16:6; 27:10).

Al mismo tiempo, *hay* ocasiones en las que Dios habla a través de cosas como las circunstancias diarias o, incluso, de experiencias sobrenaturales como a Pablo. A menudo se nos dificulta saber cuál de esas circunstancias contienen un mensaje de Dios y cuáles no son más que circunstancias.

Se nos dificulta más aún distinguir qué circunstancias contienen un mensaje divino cuando estas se tratan de acontecimientos mundiales catastróficos y experiencias sobrenaturales, porque pensamos que esos grandes acontecimientos deben sin duda ser de Dios. Sin embargo, solamente porque algo es sobrenatural, catastrófico o una experiencia personalmente impactante, no significa que haya un mensaje de Dios en ello. ¡Algunas de estas cosas no vienen de Dios, sino directamente del diablo!

Cuando Estados Unidos fue atacado el 11 de septiembre, recuerdo ver en la televisión a muchos predicadores e incluso algunos comentaristas seculares, promover la idea de que el acontecimiento había sido seguramente un juicio de Dios. La gente dijo lo mismo acerca del huracán Katrina y de acontecimientos catastróficos similares. Hicieron hincapié en que Dios le estaba enviando un mensaje a Estados Unidos. Un indicador mayor de esta tendencia humana es el hecho de que muchas pólizas de seguros se refieren a este tipo de acontecimientos como "actos de Dios" (traducido literalmente del inglés).

El problema es que nadie culpa jamás al diablo, quien viene a robar, matar y destruir (vea Juan 10:10). Automática y equivocadamente asumimos que todo lo malo que sucede es Dios enviando un mensaje de corrección o juicio.

Con esto no quiero decir que Dios no pueda enviar un mensaje a través de un acontecimiento como los que he mencionado, pero en realidad no vemos que Dios utilice este tipo de elementos para juzgar al mundo en el Nuevo Testamento, sino hasta el libro de Apocalipsis, cuando el tiempo de la Tierra se acerque al fin. Vemos más estos eventos en el Antiguo Testamento antes de que Cristo llegara al mundo.

Con respecto al tiempo de gracia del Nuevo Testamento, pienso que todavía continuamos bajo la sombrilla de lo que los ángeles anunciaron como el nacimiento de Jesús. Ellos dijeron: *"¡Gloria a Dios en las alturas, y en la tierra paz, buena voluntad para con los hombres!"* (Lucas 2:14). Le comunicaban a la Tierra que Dios estaba extendiéndole al mundo entero un tratado de paz, que su mano de juicio se estaba deteniendo con el fin de darle una oportunidad a la gente para recibir su extensión de gracia y misericordia.

Obviamente, sabemos que en todo el mundo *están* sucediendo catástrofes. Sin embargo, posiblemente necesitemos considerar que no son el juicio de Dios ahora mismo, sino más bien que la Tierra está respondiendo al pecado en su interior. Vemos esto en Romanos 8:22, que dice: *"Porque sabemos que toda la creación gime a una, y a una está con dolores de parto hasta ahora".* Esto quiere decir que la Tierra está sufriendo en una batalla mundial común. Ninguna región del planeta está exenta de una catástrofe natural.

La maldad y el pecado continuos en la Tierra se están sembrando constantemente en la tierra, así como el pecado de Adán provocó que la tierra fuera maldecida en Génesis 3:17–19. La Tierra está gimiendo bajo el peso de los pecados de la gente mientras estos aumentan continuamente. Sin duda, algunas naciones que han defendido el mal están cosechando resultados todavía más catastróficos de sus pecados, los cuales se están manifestando en los elementos y en la tierra. Creo que es por esto que estamos viendo que los elementos se están sacudiendo con una gran agitación, y tanto la pobreza como el hambre se están desencadenando en muchas partes del mundo. La Tierra está produciendo lo que la gente ha sembrado en ella (vea Gálatas 6:7).

Sin embargo, las Escrituras nos muestran que llegará el tiempo en que el Juicio de la Tierra dará su sentencia final. Cuando la dureza creciente del corazón de la gente exceda la capacidad de la Iglesia para compartir el mensaje del amor y la gracia de Dios, el Señor no tendrá más que juzgar al mundo (vea Mateo 24:12). Vemos la lista de acontecimientos catastróficos en el libro de Apocalipsis.

La Biblia nos advierte que al acercarnos a ese tiempo, el corazón de la gente será *"sin afecto natural"* (vea 2 Timoteo 3:3). Esto quiere decir que la población perderá gradualmente la leche de la bondad humana y desarrollará una dureza de corazón. Se endurecerán cada vez más en contra del mensaje del evangelio de misericordia. Incluso ahora podemos ver este cambio, pero finalmente llegará el día en que el verdadero momento del juicio de Dios ajustará las cuentas.

¿Esto quiere decir que Dios nunca utilizará las circunstancias para darnos un mensaje? No, pero no podemos asumir que estos acontecimientos son de alguna manera automáticamente la voz del Señor, ya sea para nosotros o para el mundo pecador a nuestro alrededor. Sí, los acontecimientos sirven como advertencias y sí, esos acontecimientos harán que algunos reconsideren sus caminos. Pero, a menos de que la gente que esté en medio de un acontecimiento tenga un verdadero encuentro con Dios, como Pablo lo tuvo en Damasco, su valor es normalmente temporal.

El corazón y la mente de la mayoría de los estadounidenses no están más cerca de Dios en la actualidad de lo que estaban el 11 de septiembre. En todo caso, están más endurecidos y la población ha olvidado rápidamente lo que sucedió. No creo que lo que sucedió el 11 de septiembre le haya dado al mundo secular un hambre que haya cambiado su vida para buscar al Señor.

Piénselo. Si hay un terremoto en algún país, ¿eso hace que busquen de pronto al Señor? Sí, el acontecimiento mismo puede dar un mensaje aleccionador que sacuda a la gente (literalmente) y puede ayudar a algunos a abrirse más hacia el evangelio. Sin embargo, en Lucas 9, cuando los discípulos deseaban hacer descender fuego sobre los enemigos de Jesús, el Señor respondió diciendo: *"Vosotros no sabéis de qué espíritu sois; porque el Hijo del Hombre no ha venido para perder las almas de los hombres, sino para salvarlas"* (Lucas 9:55–56). Romanos 2:4 dice que la benignidad de Dios nos guía al arrepentimiento. Y el versículo 5 continúa diciendo que aquellos que no desean arrepentirse están atesorando para sí mismos ira para el día del juicio. Posiblemente necesitemos considerar que Dios está reservando los juicios catastróficos para el día de su ira.

Mientras tanto, basándonos en estos versículos, no creo que debamos asumir que la tragedia mundial es un mensaje que Dios está enviando o incluso que Él está hablándonos a través de estas circunstancias en particular.

Esto nos lleva a preguntarnos cómo debemos determinar si las circunstancias y acontecimientos realmente conllevan un mensaje de Dios. Muchas personas se obsesionan con las circunstancias y las experiencias, y adaptan su vida entera a ellas sin primero asegurarse si vienen verdaderamente del Señor. Existen algunos ingredientes importantes que deben estar presentes cuando Dios utiliza las circunstancias para llevarnos hacia su voluntad.

LAS EXPERIENCIAS BÍBLICAS

Basarse en la Biblia es un principio mencionado comúnmente, pero es probablemente el más importante. En la actualidad, muchos cristianos se han olvidado de lo que la Biblia dice acerca de muchas áreas. Están cayendo en todo tipo de ideales erróneos porque la base de conocimiento de la Palabra de Dios es muy escasa. Algunos simplemente no han desarrollado las habilidades bíblicas necesarias para confrontar aquello que han experimentado con las Escrituras. Le dan crédito a Dios de todo lo que sucede, pero no comparan estos acontecimientos con el carácter de Dios que encontramos en la Biblia.

Tal vez todos hemos escuchado a alguien decir: "La experiencia es el mejor maestro". Sí, la experiencia nos puede dar lecciones valiosas. A la vez, hay muchas experiencias en la vida que no vienen del Señor y las "lecciones" que hemos aprendido de ellas no han sido en absoluto de Él. De hecho, han sido obra del diablo quien quiere contaminar nuestra manera de pensar.

Por ejemplo, si un niño es severamente acosado en la escuela, la experiencia provoca un daño emocional que necesita ser reparado. Si no se trata, la víctima corre el riesgo de tener problemas más tarde que evitarán que responda correctamente a Dios en algunas áreas. No hay nada positivo ni bíblico qué aprender de la experiencia. En realidad no es nada menos que un ataque del diablo. En este caso, la experiencia no es el mejor maestro; más bien funciona como un obstáculo y un perjuicio para tener emociones normales sanas.

Sin duda Dios, nuestro Padre, puede tomar incluso las circunstancias que provienen del enemigo y convertirlas en algo bueno. La Biblia dice en Romanos 8:28: *"Y sabemos que a los que aman a Dios, todas las cosas les ayudan a bien, esto es, a los que conforme a su propósito son llamados"*. Dios puede tomar cualquier situación que el enemigo haya destinado para traer mal a nuestra vida y convertirlo en algo bueno que sin duda podamos utilizar para ayudar a alguien más. Esto no quiere decir, sin embargo, que Dios lo planeara para enseñarnos algo.

La gente piensa eso siempre que se trata de una enfermedad o dolencia. Piensan que experimentar alguna enfermedad fue destinado por Dios para enseñarles algo o para desarrollar su carácter. No intento decir que no podamos aprender lecciones importantes de lo que vivimos, pero necesitamos asegurarnos de que la lección sea coherente con lo que Dios nos enseña en las Escrituras. Además, Dios no pudo haberlo permitido si la experiencia no está de acuerdo con la manera en que Dios trató con los cristianos de la Biblia. Eso iría contra lo que Dios nos ha revelado acerca de su carácter.

En la época de la gracia del Nuevo Testamento, no encontramos que Dios ponga enfermedades y tragedias sobre su pueblo para enviarles un mensaje y al final hacer que fueran mejores. Veíamos este tipo de juicio en el Antiguo Testamento, cuando Israel, el pueblo de Dios, se rebeló contra el Señor; ellos no tenían la sangre de Cristo abogando a su favor. Sin embargo, incluso bajo el patrón del Antiguo Testamento, Dios siempre les otorgó la extensión de su gracia y una oportunidad para arrepentirse, antes de que su justicia los consumiera.

Ahora, la sangre de Cristo se encuentra entre nosotros y el juicio de Dios. De hecho, este es el mensaje de Dios para el mundo en la actualidad. En el Nuevo Testamento, no encontramos que Dios envíe una tragedia a la gente para revelarles su voluntad. Por supuesto, la Biblia da muchas razones por las cuales la gente puede sufrir este tipo de ataques y la ley de la Tierra dice que cosechamos lo que sembramos (vea Gálatas 6:7).

No obstante, no podemos asumir que Dios está detrás de los acontecimientos trágicos, porque no vemos que Él les haga este tipo de cosas a los cristianos en las Escrituras. Sería más bíblico considerar que estas cosas vienen del diablo y que, en algunos casos, son las consecuencias que cosechamos a causa de nuestra maldad.

No existen ejemplos en el Nuevo Testamento en que veamos que Dios utilice la enfermedad como un método para desarrollar nuestro carácter cristiano o darnos algún tipo de dirección divina a partir de ella. En el caso del apóstol Pablo, haber sido cegado, sin duda se debió a que la luz del cielo era demasiado brillante para sus ojos (vea Hechos 9:3–8). Pero observe que este padecimiento fue *completamente* temporal y después de que sucedió, ¡el primer lugar a donde lo dirigió el Espíritu fue precisamente al lugar para recibir su sanidad!

Una vez más, Dios puede tomar una situación negativa y utilizarla para nuestro bien, pero eso no significa que su voluntad o su plan era que eso sucediera. Si Dios va a utilizar una circunstancia en nuestra vida para revelarnos su voluntad, sucederá en forma de algo bíblico e irá de acuerdo con el tipo de cosas que vemos en la gente de la Biblia.

De igual manera, si Dios va a hablarnos a través de una experiencia sobrenatural, lo hará siguiendo los ejemplos de las cosas sobrenaturales que vemos en el ministerio de Jesús y de la primera iglesia. Algunas personas cristianas en la actualidad describen experiencias sobrenaturales que suenan más a ocultismo que a la Biblia. Ya sea una experiencia personal, una tragedia, una catástrofe natural o algún acontecimiento sobrenatural, debemos asegurarnos de encontrar en la Biblia algo que lo valide, particularmente en el Nuevo Testamento. Dios es el autor de lo sobrenatural, pero necesitamos mantener nuestras experiencias sobrenaturales dentro de los límites del patrón del Nuevo Testamento.

Un encuentro genuino con Dios

En la experiencia de Pablo, podemos ver que su corazón fue completamente transformado. Lo que él experimentó fue mucho más que un acontecimiento sobrenatural: tuvo un encuentro personal con Jesucristo que lo cambió. No solamente fue algo de lo cual escribiera en sus memorias o que publicara en una columna cristiana para presumir: "¡Miren lo que me sucedió!". No, eso lo transformó de una manera radical y cambió su futuro entero. La experiencia hizo que se dedicara para siempre al Señor. Una experiencia sobrenatural o un evento catastrófico que no transforme las vidas para Dios, probablemente no sea más que una circunstancia.

Estoy segura de que usted, al igual que yo, ha conocido a algunos cristianos que hablan acerca de encuentros sobrenaturales y experiencias personales grandiosas, pero que viven de manera muy carnal y que incluso su vida niega su fe. Algunos hablan de experiencias diarias que creen que provienen del Señor, pero estas nunca los hacen mejorar. Su carácter nunca parece cambiar. Continúan dividiendo iglesias, maltratando a la gente y haciendo cosas pecaminosas y vergonzosas.

Eso no significa que las experiencias de las personas no hayan sido del Señor, solamente porque después eligieron pecar. Lo que significa es que cuando sucede algo en nuestra vida que *es* de Dios, debe hacer que nos miremos y que examinemos quiénes somos como personas, hasta el punto en que podamos hacer cambios verdaderos.

Una mujer que asistió a nuestra iglesia durante un tiempo hace años, hablaba constantemente acerca de sus encuentros y experiencias sobrenaturales. El problema se encontraba en que ella era una de las personas más desconsideradas e indisciplinadas que he conocido. Se enorgullecía tanto de esas experiencias hasta el punto de ser tan irreal que no podía mantener una conversación verdadera con la gente. De todo lo que podía hablar era de sus profundas revelaciones y visiones celestiales. Su visión del cristianismo parecía ser muy superficial y falta de amor por el Señor mismo. Parecía más como si solamente intentara llamar la atención al hablar de todas esas cosas.

De hecho, no encajaba bien con nadie. Nos dimos cuenta de que en su iglesia anterior, le habían pedido que se marchara y no fue de sorprenderse que tampoco durara mucho tiempo en la nuestra. Ella pensaba que nadie estaba en su nivel de revelación. Mi problema era que el vasto número de experiencias espirituales parecía haber tenido muy poco

efecto en su capacidad de ser útil en el Reino de Dios y
además no mejoraron su carácter.

Cuando Dios utiliza una experiencia o una circunstancia
para guiarnos, Él hará que esta tenga el suficiente impacto
para llevarlo a ser una persona mejor y más madura. Debe
salir de la experiencia conociendo a Dios más íntimamente.
La experiencia o circunstancia también debe poder responder
a ciertas áreas de necesidad en su propia vida.

Me impresiona la cantidad de cristianos que hablan acerca
estas profundas experiencias con Dios, pero que no tienen
frutos que lo demuestren. Su vida, sus familias y sus finanzas
continúan siendo un desastre año tras año. Si Dios de verdad
está hablando a través de estas circunstancias en nuestra vida,
entonces el efecto en nuestro corazón, nuestra mente y nuestro
caminar con Dios deben ser evidentes.

UN MENSAJE CLARO Y DEFINITIVO

¿Alguna vez ha soñado algo que al despertar todavía lo recor-
daba y se preguntó si Dios intentaba decirle algo? Creo que
a todos nos ha sucedido. Se han escrito muchos libros útiles
acerca de cómo interpretar los sueños correctamente, de
manera que no cubriremos todo al respecto. Lo que deseo que
sepa es que si Dios está diciendo algo en una visión, sueño,
circunstancia o experiencia, el mensaje debe ser claro. Eso no
quiere decir que siempre lo comprenderemos desde la primera
vez, pero la claridad comenzará a desarrollarse de una manera
evidente y progresiva.

A menudo escucho que la gente dice cosas como: "Bueno,
sé que Dios debe desear que aprenda algo de este desastre
horrible en el que me encuentro, ¡pero me gustaría saber qué!".

Aunque Dios no siempre pueda revelar cada detalle de las cosas hasta que podamos manejarlo, ¡tampoco está en el cielo intentando ocultarnos todo! Cuando Dios le hablaba a la gente de la Biblia, sus mensajes eran audibles y claros. Ellos no tenían que intentar unir todas las piezas para hacerlas "encajar" de alguna manera.

Últimamente he escuchado a algunas personas y ministerios uniendo las piezas de diferentes circunstancias o acontecimientos mundiales, e intentando hacer algo profético con ellas. Dicen cosas como: "Debido a que la tormenta sucedió en el séptimo día, debe ser que Dios estaba perfeccionando algo en esa región, ¡porque el siete es el número perfecto de Dios!".

No estoy descartando el simbolismo profético de los acontecimientos. Eso tiene su sitio. Sin embargo, deseo asegurarme de que si utilizamos el simbolismo profético, lo equilibremos con otros ingredientes clave que necesitamos para ubicar la voluntad de Dios a través de las circunstancias. Necesitamos inquirir si la naturaleza del acontecimiento es bíblica y si el Dios de la Biblia utilizaría ese tipo de acontecimiento para hablar. Necesitamos determinar si el mensaje es claro y si causa un cambio en el corazón de quien lo recibe.

La mitad del tiempo, cuando la gente se enloquece por un simbolismo profético, tal como los que ya he descrito, no saben exactamente a quién va dirigido y tienen pocos fundamentos bíblicos para el fin del mensaje específico. Muchas veces en tales casos, vemos que aquellos para quienes iba dirigido el mensaje continúan con su vida, como si Dios no estuviera cerca de ellos. Para colmo, a menudo, aquellos que afirman que el acontecimiento era un mensaje divino, no hacen nada para llevar el mensaje del evangelio a los afectados.

Cuando Dios envió el mensaje divino de que Nínive iba

a ser destruida, primero envió a Jonás para aclarar el mensaje. Le dio a la gente una extensión clara de misericordia con una oportunidad para arrepentirse. El mensaje era tan claro, que alcanzó a los líderes de la ciudad. A menudo, cuando la gente ve los desastres naturales y terremotos, los publican como si Dios estuviera enviando un mensaje; pero no investigan cómo aclarar el mensaje de Dios para los afectados.

Cuando vino una hambruna a la tierra durante los días de Claudio César, Dios le dio a la gente una advertencia adelantada a través del profeta Agabo (vea Hechos 11:28). El acontecimiento no sucedió mientras todos permanecían sentados preguntándose qué sucedería.

En la actualidad lo vemos mucho. Pocos en la iglesia parecen poder predecir acontecimientos. En lugar de eso, intentan unir las piezas después de que suceden, tratando de encontrar algún mensaje divino en ellas. Incluso si el Espíritu no nos advierte acerca de algo, si el Señor tiene un mensaje al respecto después, el mensaje debe ser claro para la audiencia deseada. Cuando Pablo tuvo la experiencia de camino a Damasco, ¡el mensaje fue tan claro que no podía confundirlo!

Debido a que las circunstancias y los acontecimientos que cambian constantemente pueden ser confusos, creo que necesitamos tener un parámetro para utilizar como medio para ubicar la voluntad de Dios. En otras palabras, si el mensaje no es claro y profundamente impactante, como lo fue para Pablo, entonces necesitamos tener precaución.

Si usted despierta de un sueño que no sabe si fue espiritual y nadie más sabe lo que significa, entonces yo lo reconsideraría. ¡Comer mucho helado antes de dormir puede ser la causa de ese sueño!

HACER QUE LAS CIRCUNSTANCIAS ENCAJEN CON SU VOLUNTAD

Algunas veces nos obsesionamos tanto con algo que deseamos, que intentamos encontrar las razones por las que también Dios lo desea para nosotros. Hay cosas que Dios *sí* desea para nosotros, porque son promesas bíblicas; las cosas como salud, paz, sabiduría y provisión son de Dios. Sin embargo, algunas veces deseamos que la voluntad de Dios se adecue a aquello que *nosotros* deseamos; y sí, posiblemente aquello que deseamos *es* lo que Dios ha prometido. Pero nos desviamos si intentamos obtenerlo a través de los métodos erróneos.

Por ejemplo, posiblemente desea un empleo específico y se pregunta si es la voluntad de Dios para usted. Evidentemente, Dios desea que usted tenga un buen empleo. Usted sabe que este empleo en particular puede alejarlo de la iglesia e incluso quitarle tiempo con su familia. Sin embargo, piensa que la paga es mayor y le ayudará a pagar algunas cuentas. Al final, usted desea conocer la opinión de Dios al respecto, ¡pero por otro lado usted está obsesionado con el empleo!

Aquí es donde he visto que mucha gente comete errores. Desean tanto algo, que ignoran los principios más importantes para encontrar la voluntad de Dios y comienzan a buscar todo tipo de circunstancias extrañas o fortuitas para hacerlo.

De vuelta con el ejemplo, cuando piensa en ese empleo de sus sueños, de pronto ve una revista en el consultorio del dentista en la que una persona famosa en la portada habla acerca de la misma carrera que usted está considerando. "¡Debe ser Dios!", dice usted. Entonces, si no tiene cuidado, comienza a mirar casi cualquier circunstancia y a convertirla en "algo de Dios".

Cuando estemos determinados acerca de algo, debemos ser extremadamente cuidadosos al buscar circunstancias que "confirmen" nuestros deseos predefinidos. Este panorama facilita olvidar otros principios importantes y más confiables para ubicar la voluntad de Dios. La tendencia es comenzar a utilizar las circunstancias y los acontecimientos como la fuente predominante para encontrar la dirección divina.

Cuando eso sucede, la gente tiende a comenzar a creer en cosas tontas como que los ángeles aparecen en las galletas, números de placas que "confirman" y objetos, horas y fechas supersticiosos. Desean que una circunstancia extraña confirme lo que ya creen, para después, comenzar a convertir casi todo lo que sucede en un tipo de encuentro divino. Todo se convierte en superstición y la gente comienza a desviarse de Dios. A menudo dejan de escuchar las advertencias de la gente en la que confían.

Aunque Dios desee revelarle una parte de su voluntad acerca de un suceso o una circunstancia, usted no debe buscarlo. Deje que eso suceda de la manera que le sucedió a Pablo y asegúrese de que se alinee con los principios correctos para escuchar a Dios. Si es verdaderamente del Señor, como lo fue la experiencia de Pablo, ¡usted lo sabrá! Considere que aquello que Pablo recibió en el camino ese día, ¡definitivamente no estaba determinado en sus planes futuros!

Al final, creo que Dios utiliza las circunstancias y los acontecimientos sobrenaturales para revelarnos cosas, pero no creo que deban ser nuestra fuente primordial por encima de los principios clave y deben compararse con otros métodos. Cuando pensemos que Dios nos está diciendo algo a través de experiencias o circunstancias, si mantenemos en mente estos principios, no nos perderemos el plan de Dios.

Capítulo seis

DEMASIADAS VOCES, ¿QUÉ CAMINO ELEGIR?

Y su voz como estruendo de muchas aguas.

Apocalipsis 1:5

Podríamos asombrarnos al mirar los diferentes métodos en los que Dios nos habla su voluntad para nuestra vida. Algunas veces miramos todas las opciones y las opiniones que recibimos, y nos preguntamos cuál camino es el correcto. Si escuchando a nuestro propio espíritu, tomamos la opinión de otras personas y estudiamos lo que dice la Biblia, algunas veces parece que tenemos demasiado qué tomar en cuenta.

Después de varios años en el ministerio, me di cuenta de que cada día debemos tomar nuevas decisiones, la mayor parte de cualquier día la invertimos tomando decisiones. No solamente debemos encontrar la voluntad de Dios para un área de la vida y del ministerio, sino también debemos tomar decisiones acerca de una larga lista de cosas. ¿Cómo lo incorporamos y le damos sentido?

¡Gracias a Dios que tenemos al Espíritu Santo quien nos guía y nos dirige hacia su voluntad cuando ni siquiera nos damos cuenta hacia dónde nos está llevando! En el capítulo uno hablamos acerca de cómo descansar confiados en que incluso cuando no sentimos saber adónde ir, Dios se asegurará de que no nos lo perdamos. El Señor tiene una manera increíble de tomar las decisiones que hemos tomado en ignorancia y transformarlas, de modo que terminemos justo donde necesitamos estar.

Cuando las decisiones que debamos tomar parezcan interminables, debemos poder fijar una dirección, de manera que podamos sobrellevar la vida diaria. Deseamos sentirnos seguros de estar tomando decisiones buenas acerca de las cosas diarias que rodean nuestra vida. Nadie desea sentirse como si estuviera valsando por la vida como en un juego de adivinanzas. En lugar de eso, Dios desea que estemos en paz y seguros de que podemos tomar las decisiones diarias de manera firme.

Mantenga su voluntad bajo control

Uno de los grandes culpables por los que sentimos que no podemos tomar decisiones precisas que se alineen con Dios, es que las intenciones de nuestro corazón se apagan. Permitimos que nuestros propios deseos y necesidades se coloquen antes de aquello que Dios desea y de lo que en realidad es mejor para nosotros a largo plazo. Cuando esto sucede comenzamos a escuchar todo tipo de influencias.

Ya conoce la historia, se trata de esa nueva televisión o ese coche nuevo que desea. Sabe que cambiarlo no sería una decisión sabia y siente que el Espíritu Santo lo está deteniendo, pero al final, ¡su deseo gana! Demasiadas personas toman estas decisiones y más tarde se lamentan.

Es por esto que a menudo no nos sentimos seguros acerca de nuestra capacidad de seguir la voluntad de Dios. Dejamos que nuestra propia voluntad y decisiones se interpongan. Esto finalmente hace que perdamos la confianza y crea confusión.

Asimismo, abre la puerta a la influencia del enemigo. La manera más precisa de seguir la voluntad de Dios con exactitud es tomar diariamente la decisión de someternos a Él.

Es más fácil decirlo que hacerlo y requiere de un compromiso diario. Necesitamos tomar una decisión consciente todos los días en la que el Señor tenga la última palabra con respecto a nuestros planes y búsquedas en la vida. El Señor debe encargarse del lugar donde trabajamos, donde vivimos, con quién nos casamos y a qué iglesia asistimos. Sin embargo, algunas veces, debido a nuestra propia carne, nos levantamos y tomamos nuestras propias decisiones para después pretender que Dios fue quien nos dijo que hiciéramos lo que hicimos.

Muchos creyentes hacen esto. Es asombroso lo que muchos justifican y tergiversan para hacer que sus decisiones parezcan que tuvieron la intervención de Dios. Los he visto hacerlo con respecto a la persona con la que se casarán. Saldrán y se casarán con alguien que no está comprometido con el Señor o cuyo comportamiento es de cuidar, e intentan hacer que todos crean que Dios está detrás de ese matrimonio. Como pastores hemos asesorado a muchas personas en esta situación. A algunos les dijimos que no nos sentíamos tranquilos con sus planes de matrimonio, pero igual continuaron con ellos. Muchos de estos matrimonios han terminado siendo un desastre o en el divorcio.

Mucha gente apostata y deja de asistir a la iglesia, porque se han hecho el hábito de escuchar su propia voluntad y sus propios deseos. Algunos cristianos se ven envueltos en amistades con otros cristianos carnales y divisivos, porque su propia voluntad está al frente y hace que sus hábitos carnales parezcan de alguna manera justificados. Se sienten ofendidos en la iglesia por varias razones, pero se niegan a solucionarlo y a encontrar sanidad. Algunos dejan una buena iglesia, porque no desean lidiar con ciertos problemas en su vida y después actúan como si Dios les dijera que era "tiempo de continuar su camino". Pero a menudo, la razón verdadera por la que ellos escogen la vía de las heridas y la ofensa, es porque su voluntad obstinada los está endureciendo para hacer lo que Dios espera que hagan. Finalmente comienzan a creer que ciertos comportamientos y modos de pensar, incluso aquellos que van contra la Biblia, de alguna manera se alinean con la voluntad de Dios.

Entre más frecuentemente se convenza de que su voluntad es de alguna manera la voluntad de Dios, tendrá menos probabilidad de encontrar la voz de Dios en medio de todo aquello que está intentando influenciarlo. Su capacidad de seguir la voluntad de Dios para su vida comienza al someter todo bajo Él. Esto puede significar que su actitud tendrá que ser ajustada. Su horario posiblemente tendrá que cambiar. Seguir la voluntad de Dios algunas veces puede requerir que tomemos decisiones que no siempre deseamos tomar. Habrá cosas que posiblemente tendremos que rendir o añadir a nuestra vida.

Ser cristianos significa que debemos ser como Cristo. No podemos vivir por cuenta propia y esperar estar seguros de que estamos siguiendo al Señor como debemos. Para algunos cristianos, este problema casi se ha convertido en una epidemia.

Todos los que deseamos estar seguros de que tomamos decisiones precisas de acuerdo con la voluntad de Dios necesitamos referirnos a Santiago 4:15 que dice: *"En lugar de lo cual deberíais decir: Si el Señor quiere, viviremos y haremos esto o aquello"*. El versículo 17 dice: *"y al que sabe hacer lo bueno, y no lo hace, le es pecado"*.

Si desea reducir las innumerables voces y opciones que

tiene ante usted, una de las elecciones más importantes que puede hacer es simplemente decidir que su vida no es suya. Esto quiere decir que algunas veces Dios nos pedirá que hagamos cosas que simplemente no deseamos hacer o no deseamos darles importancia. Él nos pedirá que amemos a quienes no es fácil amar. Él nos pedirá que cuidemos aquello que decimos. También quiere decir que debemos deshacernos de los malos hábitos que a menudo justificamos, como controlar y manipular a otros, la flojera o la mala administración financiera.

El pasaje bíblico que expresa mejor lo que quiero decir, se encuentra en Salmos 15:

> Jehová, ¿quién habitará en tu tabernáculo?
> ¿Quién morará en tu monte santo?
> El que anda en integridad y hace justicia,
> Y habla verdad en su corazón.

> El que no calumnia con su lengua,
> Ni hace mal a su prójimo,
> Ni admite reproche alguno contra su
> vecino.

> Aquel a cuyos ojos el vil es menospreciado,
> Pero honra a los que temen a Jehová.
> El que aun jurando en daño suyo, no por
> eso cambia;

> Quien su dinero no dio a usura,
> Ni contra el inocente admitió cohecho.
> El que hace estas cosas, no resbalará jamás.

Aquí vemos que quienes nunca serán sacudidos en la vida
y permanecerán seguros en la presencia de Dios, son aquellos
que hacen lo que describe el pasaje. Es verdad que algunos
cristianos están siendo sacudidos y luchando por encontrar a
Dios, simplemente porque no someten su voluntad a las cosas
que Dios espera en este pasaje.

Si deseamos permanecer en la voluntad de Dios, no
podemos hacer nuestra voluntad a través del pecado secreto.
No podemos mentir y chismorrear contra otros o hacer amistad
con personas carnales. Debemos igualmente mantener nuestros compromisos y promesas, y utilizar nuestro dinero para
fines buenos. Las expectativas de Dios con respecto a estas
áreas, se encuentran en este pasaje y si las llevamos a cabo,
podemos estar seguros de que escucharemos la voz de Dios
por sobre las incontables influencias del mundo.

Proverbios 16:3 dice: *"Encomienda a Jehová tus obras, y
tus pensamientos serán afirmados"*. Si hacemos las cosas a la
manera de Dios más que a la nuestra, el resultado automático
será que Dios nos mantendrá seguros en su voluntad.

LLEVE UN DIARIO

Una de las mejores cosas que cualquiera puede hacer para sí
mismo es escribir las cosas importantes. Cuando oramos por
ciertas cosas, debemos mantener un registro de nuestro progreso y de las respuestas a nuestra oración. La mayoría nos
asombraríamos de la precisión con la que escuchamos a Dios,
si pudiéramos regresar y revisar algunas de nuestras decisiones.

Posiblemente esté orando acerca de aceptar un empleo o
acerca de una intervención médica particular. Es útil escribir
lo que escucha de Dios en su corazón, al ver las Escrituras y
tomar los consejos de sus familiares y amigos, e incluso las

profecías que ha recibido. Escribir las cosas reduce el campo de juego y podrá comenzar a encontrar más fácilmente un mensaje consistente en ellas. Posiblemente observe que una profecía que recibió concuerda con lo que ha estado sintiendo en su corazón. Un diario puede facilitar evaluar lo bueno y lo malo en gran manera. Entonces, cuando sus familiares controladores le den un consejo, usted podrá ver hacia dónde encaja su opinión con respecto a las demás cosas. Un diario puede ayudar mucho a eliminar aquellas voces que no son del Señor.

Es probable que usted sepa que escribir las cosas que siente y piensa en oración es igualmente importante. Cuando ore en el Espíritu, anote las cosas que le vienen a la mente e inclúyalas en su diario. La idea es ver el desarrollo de un mensaje consistente. Anotar en un diario lo que nos viene a la mente, también nos ayuda a tomar responsabilidad para no seguir adelante solamente con nuestra propia "palabra".

Cuando escribimos estas cosas y nuestros amigos, familiares o incluso nuestro pastor están en desacuerdo con aquello que podemos estar pensando, entonces posiblemente signifique que debemos ser cautelosos. Si recibimos profecías que parecen advertirnos que no nos involucremos en algo, entonces el Señor puede estar intentando evitar que cometamos un error. Una lista colectiva es un instrumento genial para ayudarnos a definir las voces, las opiniones y los consejos que vienen del Señor.

EL SONIDO DE SU VOZ

Hace años, cuando apenas comenzábamos en el ministerio, tuvimos muchos desafíos. Intentábamos encontrar la dirección acerca de lo que el Señor quería que buscáramos en el ministerio, intentábamos sobrevivir económicamente y la lista era interminable. Había tantas cosas qué resolver, que sentíamos que nos perdíamos en la confusión. ¿Alguna vez lo ha sentido?

Durante el tiempo en que intentábamos escuchar alguna dirección de Dios, el Señor le habló una palabra alentadora a mi esposo, que yo nunca olvidé. Dios dijo: "Hank, mi capacidad para hablarte es mucho mayor que tu incapacidad de escuchar". A partir de ese momento, comenzamos a tranquilizarnos y a confiar en que la voz de Dios iba a intervenir claramente y en voz alta cuando lo necesitáramos.

Aunque la voz de Dios pueda presentarse como un susurro en nuestro interior, la sentiremos como un grito. En otras palabras, su voz es fuerte en una manera que nos alerta. Como dije en el capítulo dos, la voz del Señor en nuestro espíritu a menudo suena como si fueran nuestros propios pensamientos, pero tiene una fuerza mayor. Después de escucharla, tenemos una fuerte sensación o seguridad de que era el Señor.

Necesitamos recordar que la Biblia describe que la voz de Dios es muy fuerte. Apocalipsis 1:15 dice: *"... y su voz como estruendo de muchas aguas"*. La Nueva Traducción Viviente dice que truena como potentes olas del mar. Lo que esto significa es que su voz le ganará a todas las demás voces.

Si las intenciones de nuestro corazón son rectas y estamos comprometidos con el Señor, lo *escucharemos*. Eso se debe a que su voz no puede ignorarse. Cuando estamos en la playa, cerca del mar, no ignoramos el sonido de las olas cuando chocan con la arena. Cuando estamos cerca del Señor y nos mantenemos cerca de su corazón, no ignoraremos el sonido único y fuerte de su voz.

La razón por la que a menudo nos perdemos de su voz,

es porque nos alejamos demasiado. Nos ocupamos tanto con nuestras actividades, empleos y distracciones diarias, hasta que nos damos cuenta de que no estamos tan cerca de Dios como deberíamos.

Si lo buscamos con insistencia en oración y con devoción, ¡comenzaremos a escuchar el rugido su voz! Una vez que eso suceda, nos familiarizaremos con el sonido de la voz de Dios. Su voz le sonará un poco diferente a cada persona, porque todos somos diferentes. Pero lo que permanece, es que la voz de Dios, de acuerdo con las Escrituras, tiene fuerza y volumen. Su voz suena como el estruendo de los mares (vea Salmos 93:4). También se describe como un trueno y Dios incluso dice que Él lanzará su grito de batalla (vea Isaías 42:13).

He visto que orar en el Espíritu hace que el volumen de su voz aumente. Mire Salmos 29:3, que dice: *"Voz de Jehová sobre las aguas; truena el Dios de gloria, Jehová sobre las muchas aguas"*. ¿En dónde dice el versículo que podemos encontrar la voz de Dios? La encontramos sobre la superficie del mar. Jesús dijo en Juan 7:38–39: "El que cree en mí [ ] de su interior correrán ríos de agua viva. Esto dijo del Espíritu que habían de recibir los que creyesen en él....".

Cuando oramos en lenguas, ¡es como si salieran de nosotros ríos de agua viva y la voz del Señor se encuentra en esas aguas! Entre más lo hagamos, el sonido de la voz del Señor se hará más marcada. Cuando en la vida reciba muchas opiniones y consejos por todos lados, recuerde orar en el Espíritu. Esto hará que la voz de Dios domine a las demás y elimine gradualmente aquellas influencias que no son de Él.

Se dará cuenta de que será más difícilmente conmovido por todo el parloteo del mundo a su alrededor y mucho menos confundido por las cosas que parecen buenas, pero que no vienen de Dios. Orar en el Espíritu, también iluminará los consejos de familiares, amigos y pastores que *sí* vienen de Dios. Aquello que proviene de Dios comenzará a destacarse.

Lo maravilloso acerca de la oración en el Espíritu es su carácter sobrenatural. Cuando estamos intentando escuchar a Dios y tomar decisiones diariamente que se alineen con su voluntad, orar en lenguas puede cubrirlo todo simultáneamente. Cuando oremos en el Espíritu, nos daremos cuenta de que no nos tomará tanto tiempo distinguir las "cosas de Dios". Cuando añadimos esta dimensión sobrenatural, las cosas comienzan a tomar su lugar y nos encontramos operando por encima de las limitaciones humanas.

Me gusta comparar la oración en lenguas con conducir un coche y volar un avión. Es verdad que no se necesita transportarse por avión en viajes cortos, pero algunas veces debemos hacer trayectos largos en poco tiempo. ¡Necesitamos circunvalar todos los obstáculos en tierra y simplemente llegar!

Necesitamos principios de vida para seguir la voluntad de Dios, que es como conducir nuestro coche todos los días. Si no tenemos estos principios, no estaremos completos ni desarrollados en nuestro caminar con Dios. Después, necesitamos añadir la oración en lenguas, que es como volar en un avión. Nos lleva más rápidamente y elude las limitaciones humanas. Es el elemento sobrenatural para acceder al corazón y a la mente de Dios y cubre trayectos largos que de otra manera nos abrumarían.

Permanezca con las fuentes correctas

Una de las razones por las que nos abrumamos con tantas opiniones externas, es que nos abrimos a muchas de ellas.

Uno de los más grandes culpables de este problema son los medios de comunicación. Somos una generación inundada por estas influencias. Todos los días estamos conectados a través de nuestras computadoras, teléfonos y aparatos electrónicos. Tenemos televisiones en varias habitaciones de nuestra casa. No es de sorprenderse que a la gente le cueste encontrar el sentido correcto de tanta información, porque el volumen es más alto de lo que necesitamos soportar.

Algo tan simple como un anuncio de radio puede evitar que tomemos decisiones correctas al seguir al Señor. Vamos camino al trabajo y escuchamos acerca del nuevo descubrimiento científico de una investigación sobre los riesgos de salud para las personas de cierta edad. Nos damos cuenta de que nosotros entramos en ese grupo y, por lo tanto, nos ponemos nerviosos el resto del día por todos los riesgos de salud que probablemente tenemos. Algo así nos puede desviar de seguir a Dios fielmente.

Si elimináramos tantas fuentes, cambiaríamos las cosas. Esto no quiere decir que no haya información buena y útil en la Internet, pero debemos ser prudentes; si no, nos daremos cuenta de que hemos escuchado tantas opiniones, que se nos dificultará escuchar a Dios. O cuando lo escuchemos, tenderemos a no seguirlo por causa de las demás cosas.

Al absorber diferentes piezas de información en su caminar con Dios, asegúrese de permanecer conectado a las fuentes correctas: orar, leer la Biblia y escuchar a personas dignas de nuestra confianza. Evite a la gente carnal, así como el exceso de consejos seculares que nos llegan del mundo de los medios. Algunas veces, no necesitamos evaluar todas las voces e influencias, en ocasiones solamente necesitamos eliminarlas todas. Intente que las fuentes externas sean las correctas y esto hará que escuchar a Dios sea menos difícil.

He conocido a muchos cristianos que escuchan todas las fuentes incorrectas. Escuchan al predicador de la televisión más que a su pastor, quien los conoce. Le prestan atención a un anuncio más que a un consejo conforme a Dios o gastan dinero en planes para enriquecerse rápidamente, en lugar de limitarse y administrar sabiamente su dinero. Al final, sus acciones podrían remontarse a intenciones equivocadas del corazón, que llevan a las personas a buscar todas esas cosas.

No obstante, permanecer con las fuentes correctas y confiables puede reducir la escala de posibilidades de recibir opiniones erróneas. Eso representa menos peligro, porque no hay mucho qué evaluar. Debemos eliminar equipaje.

Cuando aprenda a buscar la voluntad de Dios en medio de todas las voces y opiniones, observe que la capacidad de Dios para comunicarse por sobre todas ellas es infalible. Si somete su voluntad a Dios y toma algunas decisiones correctas, ¡asegúrese de que su voz sea más fuerte que el resto!

Capítulo siete

ESCUCHE LA VOZ DE DIOS EN MEDIO DE LAS EMOCIONES CEGADORAS

Por nada estéis afanosos, sino sean conocidas
vuestras peticiones delante de Dios en toda
oración y ruego, con acción de gracias.

FILIPENSES 4:6

Con calma y silenciosamente, llevé a mi hijo a la sala de emergencias, asegurándole que no había nada de qué preocuparse. Debo admitir que se me hizo un nudo en la garganta, porque yo sabía que algo no andaba bien. Reconocí los mismos síntomas que tuvo un familiar nuestro, así que sabía que era grave.

En mi mente recordé las palabras de un famoso predicador que había escuchado 20 años atrás. Él habló acerca de un momento de crisis en el que recibió una llamada diciéndole que un familiar estaba grave en el hospital. En lugar de reaccionar frenéticamente, el predicador dijo en voz alta: "¡La fe nunca se desespera!". Recordé este principio y me mantuve en calma mientras conducíamos por la calle.

Más temprano le había dicho a mi esposo que sentía que necesitaba llevar a nuestro hijo de 10 años al médico, porque observé un inconfundible olor dulce en su aliento, junto con otros síntomas. Entré en la habitación de nuestro hijo y le pedí que se pusiera los zapatos, porque quería que el médico lo revisara. Él preguntó por qué, y yo recuerdo que solamente le dije: "Creo que necesitan revisar algunas cosas con las que has estado batallando últimamente". Él dijo: "¿Qué crees que sea, mamá?". Le dije que íbamos a esperar a que el médico dijera, pero yo sabía lo que era. Reconocía los síntomas de la diabetes, una enfermedad sin cura.

Además, durante el mismo periodo, a tres familiares les diagnosticaron algún tipo de cáncer. Algunos de ellos no eran cristianos y necesitaban la salvación. Otro familiar que nosotros sabíamos que no estaba comprometido con el Señor, intentó suicidarse varias veces. Me sentía como en un momento de crisis.

Cuando salimos del hospital con nuestro hijo, después de que nos confirmaron que padecía diabetes tipo 1, de pronto nos sentimos alterados intentando rediseñar nuestra ya atareada vida para lidiar con ello. Teníamos que ajustar nuestra rutina diaria completa. Además teníamos que guiar a nuestro hijo a través de sus propias emociones y ayudarlo a comprender lo que todo eso significaba.

A la mañana siguiente fuimos con el médico para que le administrara inyecciones de insulina. La noche anterior en la sala de emergencias, nuestro hijo estaba aterrado con las agujas. Él no estaba tan alterado por la diabetes misma, ¡sino por el terror de la intravenosa que le colocarían en su brazo! ¡Él odia las inyecciones! Sin embargo, Jon es un guerrero en espíritu. Él posee una personalidad de las que no temen enfrentar las cosas.

De manera que cuando supo que le tendrían que administrar inyecciones diariamente, luchando con las lágrimas dijo: "De acuerdo, mamá. ¡Me dejaré inyectar si me das veinticinco dólares!". ¡Así que obtuvo sus 25 dólares! Entonces tomó con valentía la primera inyección, se la aplicó el mismo y dijo: "Sí, ¡lo hice!". Un niño que le tenía pavor a las inyecciones el día anterior, miró la situación a los ojos y decidió ganar. Desde entonces, él ha reaccionado de la misma manera.

Mi esposo y yo pasamos por esto determinados a salir victoriosos en el espíritu también. Puedo recordar que los primeros días sentí que el temor intentaba golpearme, por todo lo desconocido que estaba por venir. Como familia, hicimos lo que sabíamos hacer, enfrentamos lo desconocido con fe y nos mantuvimos ocupados en el juego.

Fue entonces cuando Dios comenzó a hablar. Todos comenzamos a recibir diferentes revelaciones y sueños acerca del futuro de Jon. Recibimos llamadas y profecías de diferentes personas de toda la nación que hablaron a la vida de Jon. Comenzamos a luchar por la sanidad de Jon de acuerdo con la Palabra de Dios. Aunque la sanidad ha sido un proceso, estamos confiados en que Jon estará entre aquellos que han sido sanos por el poder de Dios. Muchos milagros siguen sucediendo en su vida.

Con respecto a los demás familiares que padecían cáncer, dos recibieron el parte médico de que ya no tenían cáncer y la tercera persona fue salva. Creo que nuestro progreso hacia la victoria se debió a que nos mantuvimos firmes con Dios en medio de la crisis. No enloquecimos, sino tomamos el control de nuestras emociones y comenzamos a buscar su voz.

VOLVER A LA NORMALIDAD

Una de las razones principales por las que la gente lucha por encontrar la voluntad de Dios durante un tiempo de crisis, es porque están muy alterados. Sus emociones les están impidiendo ver y escuchar a Dios. En Marcos 5:23, cuando Jairo se acercó a Jesús porque su hija acababa de morir, él estaba tan desesperado que le pidió a Jesús que fuera a sanar a su hija enérgicamente. La Biblia dice que Jairo *"le rogaba"* a Jesús. Esto significa que estaba ejerciendo demasiada presión para que sucediera. Él ni siquiera le pidió cortésmente a Jesús que fuera. Sus palabras casi sonaron como una orden al pedirle a Jesús que fuera a su casa.

Permítame agregar aquí un punto. No era difícil hacer que Jesús respondiera una petición. Debemos darnos cuenta de que cuando estamos en una crisis, el Señor está listo para actuar por nosotros. La razón por la que a menudo no podemos verlo, es porque estamos tan alterados y respondiendo a lo que estamos enfrentando, como si no lo creyéramos.

Hace algún tiempo oré por una mujer después de un servicio donde estábamos ministrando, a quien le habían dicho que su casa sería embargada. Ella se acercó rogando oración. Recuerdo haberle dicho que nosotros servimos al Dios de lo imposible y que no importaba lo que sucediera, Dios estaba obrando por ella y que ella saldría de la situación con una completa bendición. Eso pareció animar su espíritu y tranquilizarla. Más tarde al llegar a casa, le platiqué a mi esposo acerca de la señora por la que oré. Él me dijo: "¿De verdad? ¡Oré por la misma señora, estaba muy alterada y llorando!". Até cabos y me di cuenta de que después de orar por ella, ¡se alteró de nuevo y fue con otra persona! Le costaba sentirse en paz con la situación.

Jairo debió haber tenido una lucha similar. Cuando Jesús y él se acercaban a la casa, varias personas les dijeron: "Tu hija ha muerto; ¿para qué molestas más al Maestro?". Jesús debió haber visto el terror que regresó al rostro de Jairo e inmediatamente le dijo que no dejara de creer (vea Marcos 5:35–36). Jesús no deseaba que él se alterara de nuevo, lo cual obstaculizaría su fe.

Posiblemente recuerde cómo sigue la historia: cuando llegaron a la casa los recibió un ejército de dolientes y de gente que lloraba fuertemente. Las emociones y la desesperación de la escena alcanzaron su máximo. La respuesta de Jesús al alboroto fue: *"¿Por qué alborotáis y lloráis? La niña no está muerta, sino duerme"* (Marcos 5:39). Todos pensaron que Jesús se había vuelto loco y comenzaron a reírse y a burlarse de él. Aunque la Biblia no lo menciona, también creo que la gente pensó que su respuesta había sido un poco dura y desconsiderada, porque así es como la gente responde en la actualidad cuando uno intenta hacer que controlen sus emociones.

Jesús intentaba tranquilizarlos para poder crear un ambiente propicio para un milagro. Como no pudieron hacerlo, Jesús les pidió que salieran de la habitación. Cuando estamos alterados emocionalmente durante un tiempo de crisis, a menudo cerramos nuestros oídos a la voz de Dios, cuando Él desea ayudarnos. La razón por la que Jesús no deseaba que Jairo se alterara, era porque eso habría evitado que se enfocara en el milagro que tenía ante sus ojos.

Cuando estamos en un momento de crisis, debemos tomar la decisión de mantener la calma. Sé que la naturaleza humana algunas veces reacciona o tiene una sensación de ansiedad. Sin embargo, cuando permitimos que nuestras emociones estén al frente, en realidad le enviamos un mensaje a la gente y a nosotros mismos de que no estamos seguros de que Dios está ahí para intervenir.

Hace algunos años, una pareja de nuestra iglesia compartió

el testimonio de una sanidad poderosa. Una noche, el esposo
no había estado actuando correctamente y batallaba por hablar
y armar palabras. La esposa lo llevó al médico y descubrieron
que había tenido un miniataque de apoplejía. Cuando llegó el
diagnóstico, ellos no se alteraron. Oraron y dijeron: "¡Señor,
nosotros diezmamos y tenemos los derechos de un diezmador!
¡Por lo tanto, sabemos que el devorador es reprendido por
nosotros y esperamos una sanidad total!".

Determinaron permanecer ecuánimes y esperar que se
manifestara su sanidad. Regresaron al médico varios meses
después para una revisión. El médico estaba asombrado. Esperando encontrar un remanente del episodio, se asombró al no
ver evidencia de la apoplejía. Ellos mantuvieron la calma en
medio de la crisis, lo cual les permitió seguir la voluntad de
Dios para obtener una sanidad completa.

EVITE LA CONMOCIÓN

Mi madre es una persona muy cariñosa, pero nunca se sale de
control por nada. Ella toma lo que la vida le da con una son-
risa. Incluso en los tiempos más difíciles mientras crecíamos,
ella siempre nos empujaba a enfrentar nuestros temores,
diciendo: "Ahora, ¡solo ve y hazlo!". Así es como sobrevivimos
en escuelas nuevas, en las primeras entrevistas de trabajo y en
el multifacético mundo de lo desconocido. Su actitud siempre
ha sido fortalecerse y enfrentar lo que tenga delante.

Hasta el día de hoy, le agradezco por habernos inculcado
eso, porque en muchos momentos de crisis he evitado entrar
en conmoción. Me ha mantenido equilibrada y con fe, sintiendo que puedo conquistarlo todo con Dios.

En la actualidad, es así como aconsejo a la gente. Intento
evitar que la gente manifieste una respuesta emocional

excesiva. Evito llorar mucho con ellos, no porque no tenga una compasión sincera por los asuntos de la gente. Sé cuan dolorosas pueden ser las batallas de la vida y manifestar emociones es normal y comprensible. Pero también sé que las emociones no arreglarán el problema. Lo que deseo hacer es ayudar a la gente a superar la respuesta emocional, para que puedan concentrarse en escuchar a Dios para obtener sabiduría y una respuesta.

Sé que si deseamos escuchar la voz de Dios en medio de una situación, no podemos envolvernos en la conmoción que viene de ella. ¡Armar un escándalo no cambiará nada! Solamente nos hará sentirnos peor y hacer que todos se involucren por temor. No hará que Dios responda más rápidamente, así que, ¿para qué hacerlo? Con amor, intento hacer que la gente evite esta tendencia. Hacer un alboroto como el que la gente hizo en la casa de Jairo, solamente obstaculizará el poder de Dios y posiblemente provocará que tomemos malas decisiones fuera de su voluntad.

Algunos crecieron en familias que creaban conmoción. Es todo lo que han visto. Apenas pueden hacer algo sin que sus sentimientos salgan a flote. Son fácilmente zarandeados de un lado a otro por las tormentas de la vida. Cuando asisten a la iglesia, se nota cómo ha estado su día. Lo muestran en su rostro y desean que los demás lo noten.

Algunas de las cosas por las que se alteran no son tan difíciles como ellos las ven; pero se han acostumbrado a responderle a la vida con emociones y conmoción. Es tal su hábito que hacen de algo pequeño un gran problema. Reaccionan a las cosas llamándole a cualquiera y alteran a todos.

Aquellos que hacen esto no se dan cuenta de que están acumulando más crisis en ellos mismos. Recuerde, los demonios buscan cualquier oportunidad para colarse; las palabras equivocadas, el temor y las emociones descontroladas son justamente el boleto que necesitan.

Cuando Jesús encontró la conmoción en la casa de Jairo, Él tuvo que alejarse. Sacó de la casa a los alborotadores para que no interrumpieran el milagro.

Al callar la conmoción, le permitimos a Dios hablar. Dios no puede meter baza, porque estamos haciendo un gran alboroto. Si no nos tranquilizamos y si no permanecemos en el espíritu, podemos perdernos de la voz del Señor que está intentando darnos la respuesta.

En Lucas 21:19, Jesús dijo: *"Con vuestra paciencia ganaréis vuestras almas"*. La palabra *paciencia* significa "una resistencia comprometida". En otras palabras, nos tendremos que esforzar por ganar nuestras almas, porque las emociones descontroladas intentan sobresalir en nosotros cuando hay crisis. Nos presionarán de tal manera que sentimos derrumbarnos bajo ellas; y desean regresar mientras arreglamos la situación con el Señor. El Señor nos está diciendo en este versículo que tomemos el control de este tipo de emociones. La palabra *ganar* aquí significa "poseer". Podemos reformular el versículo así: *"Con una resistencia comprometida, posean y controlen su propia mente"*. Tenemos que calmar nuestra mente y nuestras emociones y ajustarlas a nosotros.

El momento en que más necesitamos escuchar a Dios es durante una crisis, pero si nos alteramos, nos arriesgamos a no escucharlo hablar. Posiblemente usted ha perdido su empleo y no sabe cómo va a pagar las cuentas, o un familiar está lejos de Dios y está tomando elecciones de vida peligrosas. En tales ocasiones, usted comienza a pensar desesperadamente en todo aquello que debe y que no debe hacer. Dejar que la voz de Dios comience a intervenir requiere que tranquilicemos nuestra mente y nuestras emociones.

LA FORTALEZA DEL TEMOR

No olvide que el temor es un demonio que intentará manifestarse durante los tiempos de crisis. El temor tiene muchas manifestaciones diferentes. Puede aparecer como tensión, preocupación, desasosiego, nerviosismo, ansiedad, fobias y terror. En algunas personas se manifiesta como terror nocturno a través de pesadillas. Salmos 91:5 dice que hay un terror que viene específicamente en la noche.

La Biblia habla acerca del poder del temor y encontramos varias escrituras que utilizan la frase "no temas" (vea Génesis 15:1; 26:24; Deuteronomio 31:8: Mateo 28:5; Lucas 1:30; 2:10; 12:32; Juan 12:15). El Señor debe haber sabido que existiría una tendencia humana común. Si no enfrentamos el temor, este aumentará y seguramente nos alejará de la voluntad de Dios. Esto se debe a que comenzaremos a ajustar nuestra vida a él.

Por ejemplo, quienes tienen temores y fobias financieras, incluso si son muy ricos, pueden volverse tacaños y acumular su dinero. Tienen tanto miedo de que algo horrible le suceda a su dinero, que no desean diezmar o dar ofrendas al Reino de Dios. Aunque Dios desee que lo hagan, se pierden de su voluntad y su plan, todo por su temor.

Cuando esté en medio de una crisis o si siente que el temor está intentando apoderarse de su vida en alguna manera, enfréntelo. ¡Identifiqué qué es y ordénele al demonio de temor que se vaya en el nombre de Jesús! Si usted lo ha soportado durante mucho tiempo, posiblemente deba mantenerse firme para que no regrese. Probablemente pueda hacer algunos cambios en su estilo de vida con el fin de evitar volver atrás hacia el hábito del temor. No permita que ningún tipo de temor lo mantenga atado hasta no seguir y obedecer la voluntad de Dios para su vida.

LAS ELECCIONES DE HOY, LOS HÁBITOS DE MAÑANA

Una de las luchas más grandes de la gente al buscar la voluntad de Dios durante un tiempo de crisis, es el hecho de que la situación no siempre les da suficiente tiempo para pensar y encontrar una respuesta adecuada. Algunas son situaciones de emergencia que requieren decisiones inmediatas. ¡Ese no es el tiempo de iniciar un largo periodo de ayuno y oración con el fin de esperar que Dios dé una respuesta! No hay tiempo de hacerlo.

Así que, ¿cómo escuchar a Dios en un momento en que no tiene tiempo para callar y esperar? Aunque no es una respuesta nueva, en realidad solamente existe una: *Prepárese con anticipación.* Todos los días decida hacer lo que la Biblia dice y edificar "su casa" para soportar la tormenta. Jesús enseñó este principio en Mateo 7:24–27. Dijo que quien toma la decisión continua de hacer lo que Dios dice de acuerdo con la Biblia, será comparado con un hombre prudente cuya casa sobrevive a las tormentas de la vida.

La razón por la que este principio es tan poderoso es porque nos hace construir un hábito. Las elecciones de hoy son los hábitos de mañana. Al elegir continuamente seguir a Dios y obedecer su Palabra todos los días, nos estamos preparando para responder instantánea y fielmente en el momento de crisis. No tendremos que sentarnos y preguntarnos si estamos tomando la decisión correcta, responderemos automáticamente de acuerdo con lo que hemos estado poniendo en nuestro interior todos los días. Simplemente llevaremos a cabo lo que hemos "practicado".

UNA SABIDURÍA SOBRENATURAL

Una vez escuché decir a un predicador: "Incluso cuando no creemos saber qué hacer, siempre debemos responder en fe, diciéndonos: '¡Sé qué hacer!'". ¿Por qué podemos decirlo? Se debe a que caminamos con el Dios de toda sabiduría quien hará que sepamos qué hacer incluso en los momentos de crisis más desafiantes.

Santiago 1:2–8 habla acerca de pedirle a Dios sabiduría. Creo que la sabiduría de la que habla este pasaje, se refiere a una sabiduría especial que necesitamos durante un momento de prueba o crisis. Es por ello que los versículos 2–3 dicen: *"Tened por sumo gozo cuando os halléis en diversas pruebas, sabiendo que la prueba de vuestra fe produce paciencia"*. El resto del pasaje habla acerca de cómo obtener sabiduría de Dios durante esas pruebas.

Dios ha designado una sabiduría especial y sobrenatural para cualquier crisis que enfrentemos. Esto quiere decir que su voluntad y su dirección están disponibles en cualquier momento. Todo lo que tenemos que hacer es saber cómo obtenerlas. Mire los versículos 5–8:

> Y si alguno de vosotros tiene falta de sabiduría, pídala a Dios, el cual da a todos abundantemente y sin reproche, y le será dada. Pero pida con fe, no dudando nada; porque el que duda es semejante a la onda del mar, que es arrastrada por el viento y echada de una parte a otra. No piense, pues, quien tal haga, que recibirá cosa alguna del

Señor. El hombre de doble ánimo es inconstante en todos sus caminos.

¿Cómo obtenemos esta sabiduría sobrenatural? Se necesitan dos cosas. En primer lugar, debemos pedírsela al Señor. En segundo lugar, necesitamos esperar que se manifieste. En otras palabras, una vez que le hayamos pedido sabiduría a Dios, necesitamos actuar y responder como si ya la hubiéramos recibido. Como dijo el predicador que mencioné anteriormente: "¡Sé qué hacer!".

Algunas veces seremos probados en cuanto a si lo creemos o no. Es verdad que cuando las tormentas de la vida golpean fuertemente, ¡nuestras situaciones nos hacen sentir como si fuéramos golpeados junto con ellas! Puede parecer que la sabiduría no está acercándose, pero no importa lo que suceda, debemos permanecer en fe y determinados en que la sabiduría y la dirección están ahí. Cuando lo hagamos, no seremos golpeados con la tormenta, nos mantendremos firmes. Pero como dice el pasaje: si comenzamos a dudar si Dios nos está guiando, seremos arrastrados hacia las olas del mar.

Al escuchar y seguir la voluntad de Dios durante un momento de crisis, mantenga la calma, deténgase y escuche a Dios sin importar cuán tentador sea alterarse. Si debe tomar decisiones rápidas, tenga paz, sabiendo que si está haciendo las cosas correctamente, le responderá a Dios automáticamente. Por último, nunca sienta reservas acerca de pedirle a Dios una dosis extra de sabiduría. Dios está listo para darle sabiduría para todo lo que esté enfrentando hoy. Confíe en que la tendrá sin importar con qué esté lidiando. Ya sea que enfrente una situación financiera o un problema de salud (como la diabetes en nuestro caso), saldrá victorioso, ¡conforme con la divina voluntad de Dios!

Capítulo ocho

ENCUENTRE LA VOLUNTAD DE DIOS PARA LOS NEGOCIOS, LA PROFESIÓN Y LA ECONOMÍA

Canten y alégrense los que están a favor de mi justa causa, y digan siempre: Sea exaltado Jehová, que ama la paz de su siervo.

SALMOS 35:27

Una de las luchas más grandes que tienen los cristianos es encontrar la voluntad de Dios, no solamente al elegir una carrera, sino también al buscar y elegir el empleo correcto. Todos necesitamos un empleo redituable. Sabemos que la Biblia dice en 2 Tesalonicenses 3:10: *"Porque también cuando estábamos con vosotros, os ordenábamos esto: Si alguno no quiere trabajar, tampoco coma"*. Esto quiere decir que todo hogar debe contar con un ingreso consistente y confiable, de manera que los miembros de la familia tengan suficiente provisión e igualmente puedan ser una bendición económica para el Reino de Dios.

Existen muchos buenos cristianos que nunca parecen encontrar su lugar con respecto a una carrera o a tener un trabajo bien remunerado. Otros permanecen en su empleo, pero luchan por establecerse y parece que no pueden progresar en cierta medida en su estabilidad profesional y financiera. Un tercer grupo solamente desea saber si su dirección profesional o aquel empleo que desean, es lo que Dios desea para ellos.

No creo que la intención de Dios sea que los cristianos vayan de un empleo a otro o de un negocio nuevo al siguiente, y nunca se establezcan en nada. Después de veinte años de haberse convertido en adultos, algunas personas no han avanzado en la vida más que cuando terminaron la escuela media-superior. Dios tiene un propósito para usted y Él desea que estemos listos en el camino al punto de sentir que estamos haciendo algo con propósito en nuestra vida.

¿Cuál es mi llamado?

No siempre resulta fácil determinar una carrera. Incluso si sabemos cuáles son nuestros planes, a menudo se requiere de un proceso para alcanzar nuestras metas. Mi exhortación para que encuentre la voluntad de Dios para su carrera es poner en práctica primeramente los principios para encontrar la voluntad de Dios, de los cuales ya hemos hablado. Y entonces comenzar a ubicar ciertos factores que le ayudarán a abrir los ojos hacia la voluntad de Dios, con respecto a su vida profesional en la vida.

Busque el deseo de su corazón

Cuando era adolescente deseaba estar en el ministerio a tiempo completo. Solamente podía pensar en ello y nunca abandoné ese deseo. A pesar de haber asistido a una escuela media-superior cristiana que no creía en las mujeres predicadoras y a pesar de no tener muchas opciones, nunca dejé de desearlo. Recuerdo haber utilizado la tabla de planchar de mi madre como púlpito en mi habitación, imaginándome predicando la Palabra de Dios. Cuando me gradué de la escuela media-superior, no había ningún puesto en un ministerio a tiempo completo, lleno del Espíritu Santo. Busqué una escuela bíblica, pero nuestra familia no podía costearla en ese tiempo, de manera que esa no era una opción inmediata.

Yo tenía que hacer algo con mi vida mientras tanto. No podía esperar por ahí indefinidamente a que un ministerio cruzara por mi camino. Obtuve un empleo de medio tiempo y permanecí muy involucrada en mi iglesia. Me dieron algunas grandes oportunidades en mi iglesia local y recibí mucho entrenamiento ahí, pero no había puestos a tiempo completo disponibles. Tomé un empleo a tiempo completo en un banco y comencé a tomar clases nocturnas de contabilidad, porque mi empleo tenía un programa para pagarlas. Pensé que debía hacer algo constructivo para mi futuro, a pesar de mi deseo de participar en el ministerio.

Dos años más tarde, mi iglesia me ofreció un empleo y finalmente me convertí en asistente contable. Incluso cuando el ministerio a tiempo completo no estaba disponible, mis clases de contabilidad demostraron ser útiles y me ayudaron a prepararme para lo que sería el comienzo de mi futuro en el ministerio. Trabajando en la iglesia, conocí a mi esposo. Él hacía prácticas en la iglesia y también deseaba un ministerio a tiempo completo. Nos casamos y ambos buscamos un ministerio a través de lo que resultaría ser un largo proceso que finalmente nos llevó a donde estamos en la actualidad.

Lo que deseo mostrarle es que aunque me convertí en asistente contable y trabajé en otros empleos, nunca dejé de amar el ministerio. Nunca perdí mi deseo de predicar, aunque me tomara años realizarlo. Entre otras cosas, el ingrediente principal que consolidó en mí lo que debía hacer en la vida, fue que en mi corazón ardía el deseo predicar y estar en el ministerio.

No todos son llamados a estar en el ministerio a tiempo completo, pero el principio para que usted encuentre su propósito a tiempo completo es el mismo. A menudo, aquello de lo que no nos podemos alejar es aquello que se supone que debemos hacer. Dios dejará cosas en nuestro corazón y estas permanecerán en nosotros. Sin embargo, la mayor parte del tiempo, no tenemos claros todos los detalles acerca de cómo llegar. Aunque el ministerio ardía en mi corazón desde mi juventud, durante muchos años no tuve idea de que un día pastorearía una iglesia, entre otras responsabilidades.

La clave es buscar un área que arda en su corazón. Aquellos deseos a menudo están en usted porque Dios los ha puesto ahí. Mientras usted busque a Dios de todo corazón, aquellos deseos serán los correctos y no serán contaminados por las intenciones e influencias equivocadas.

Usted puede decir: "¡No sé qué arde en mí! De hecho, lo que estoy haciendo ahora parecía una buena idea en un momento, pero no sé si fue la elección correcta". Bueno, si está incierto al respecto, posiblemente desee orar y pedirle al Señor que revele el camino correcto. Algunas partes de su destino establecido por Dios no serán reveladas o manifestadas sino hasta más tarde. Permita que el Señor deje algo en su corazón con lo que se sienta lleno. Normalmente, si excava profundamente, encontrará algo que le atrae o que siente que Dios desea para usted.

CONCLUYA EL PROCESO

Una vez que esté en el camino, tome en cuenta que hay un proceso para llegar a la meta. La mayoría se desilusiona porque nunca dejan que el proceso se agote. Se emocionan acerca de algo, se apresuran y olvidan por completo que nada rinde frutos de la noche a la mañana. No existen atajos ni caminos sencillos cuando buscamos un camino profesional de largo plazo y que sea redituable. Casi todo toma años para estabilizarse y tener éxito.

Algunas personas no alcanzan el nivel necesario para comenzar a ver resultados. Ya sea que no terminan sus carreras o no se apegan al trabajo duro que se necesita hacer. No están dispuestos a aceptar empleos por debajo de lo deseado entre tanto. No están dispuestos a pasar por los años de inversión que prometen poca ganancia, ¡y sienten que están viviendo de pan y agua!

He conocido a muchas personas, incluso buenos cristianos, que se emocionan con algo que desean hacer con su vida. Normalmente saltan de su sitio y comienzan un nuevo negocio o algún tipo de ministerio sin pensar en las necesidades a largo plazo que requerirá tal obra. No consideran que puedan pasar muchos años antes de que vean la verdadera ganancia o el verdadero fruto.

Yo puedo hablar de esto con respecto al ministerio. Nuestro ministerio apenas comenzó a dar frutos visibles y crecimiento en los años previos a este libro. Hemos estado en el ministerio a tiempo completo durante años, pero lo hemos trabajado paso a paso y no nos dimos por vencidos cuando las cosas no sucedían como habíamos esperado.

Comúnmente es por esto que la gente va de una cosa a otra y no es constante en nada. Desean resultados instantáneos y no desean trabajar el proceso o desarrollar sus habilidades o la base de sus conocimientos. No tienen la paciencia para ver algo que puede tomar muchos años para convertirse en lo que ellos desean; de manera que van de una cosa a otra, esperando que el largo proceso o los años de aprendizaje no sean necesarios.

PARA TOMAR UNA DECISIÓN
ACERCA DE UN EMPLEO

Mientras seguimos el proceso hacia nuestro destino futuro, ¡todos debemos hacer dinero! Necesitamos poner un techo sobre nuestra cabeza, tener alimento para comer, mantener una familia, etcétera. Comprendo que la mayoría necesita varios pasos intermedios para llegar a donde Dios desea que estén.

Yo no solamente trabajé en un banco antes del ministerio, sino en dos. Después de que mi esposo y yo nos casamos, luchábamos para llegar a fin de mes mientras viajábamos en el ministerio. Ambos conseguimos empleos seculares, en lugar de no pagar las cuentas. No era lo que deseábamos hacer, pero era lo que *teníamos* que hacer hasta que Dios hiciera crecer nuestro ministerio.

Si usted está orando por la voluntad de Dios con respecto a un empleo específico, utilice los principios básicos para encontrar la voluntad de Dios y siempre escuche a Dios en su espíritu. Además, considere varios factores para escuchar al Señor. La mayoría de factores que he incluido son principios simples de sentido común, pero si los considera, estará mejor preparado para tomar el empleo correcto.

UN EMPLEO REMUNERADO

Determine si el empleo que está considerando satisface sus necesidades. Conozco a personas que aceptan empleos que no son suficientes para pagar las cuentas. Con eso no quiero decir que no deba aceptar un empleo mientras encuentra uno que pague lo suficiente. ¡Un poco de dinero es mejor que nada! Sin embargo, algunas personas permanecen en el mismo empleo año tras año, sabiendo que no están supliendo lo suficiente para su familia. No tienen el deseo ni la visión para algo mejor.

Es posible que, como Abraham e Isaac, si hay hambre en la tierra, necesite ser creativo o ir a un lugar que le proporcione lo suficiente (vea Génesis 12:10; 26:12, 18), solamente para llegar a fin de mes hasta que pueda entrar en lo que Dios desea finalmente para su vida. No deambule sin rumbo durante meses y años en empleos que no proporcionan lo suficiente para pagar las cuentas.

UN EMPLEO PIADOSO

Conozco a algunos cristianos que aceptan empleos que pagan bien, pero el problema es que el tipo de empleo no es coherente con la Biblia ni con la vida cristiana. Aceptan empleos que les requieren utilizar bajo presión, tácticas turbias de ventas. Trabajan en sectores que no representan correctamente al cristianismo. Por ejemplo, personalmente no creo que ninguna mujer virtuosa necesite desfilar en un escenario en trajes de baño brevísimos en nombre del desfile de modas. Para que el empleo se alinee con la voluntad de Dios, necesita estar en línea con los principios bíblicos y necesita representar la conducta cristiana.

UN EMPLEO PROPICIO PARA LA FAMILIA

Algunos no consideran sus responsabilidades familiares al elegir un empleo. Trabajan a deshoras, de manera que sus hijos y sus cónyuges apenas pueden verlos. Los niños llegan a casa de la escuela cuando el padre ya se fue a trabajar y él llega a casa después de que los niños se han dormido. La misma rutina continúa durante semanas, meses y años. Dios no desea que su familia sufra permanentemente por un empleo que evita que usted tenga una vida familiar normal. Esto puede funcionar durante un periodo corto, pero piense en los efectos a largo plazo que resultarán en su familia y su tiempo personal.

Un empleo propicio para el Reino

Algunas personas aceptan empleos que los mantienen perpetuamente fuera la iglesia. Ahora sé que algunos empleos no se ajustan a un horario diurno entre semana. Por ejemplo, los médicos a menudo deben estar disponibles en horas inusuales e inesperadas. Sin embargo, necesitamos asegurarnos de que Dios y la participación en la iglesia puedan ser una prioridad en cualquier posición o carrera que escojamos. Si el empleo o puesto evitará que asista a los servicios de la iglesia con frecuencia, posiblemente no sea la mejor opción.

Conozco a muchos cristianos que lo ignoran y sus vidas padecen terriblemente a causa de eso. Atraviesan el mundo para tener ese gran empleo que creen que los disparará hacia el éxito, pero ni siquiera consideran comprometerse con una iglesia local mientras piensan en la mudanza. Personalmente, no me iría a ningún lugar para aceptar un empleo, si en ese lugar no hubiera una iglesia poderosa en la que pudiera involucrarme con un propósito eterno. Consideraría eso primero que nada. De hecho, conozco a muchos cristianos que piensan lo mismo que yo aunque no han sido llamados al ministerio a tiempo completo. Colocan en primer lugar su propósito en la iglesia, por sobre las opciones de empleos terrenales, porque desean que Dios los utilice para un propósito más alto y eterno, en lugar de solamente sobrevivir económicamente en la vida.

Nunca podría terminar de hablar acerca de escuchar a nuestro espíritu con respecto a la elección de un empleo o un puesto. En realidad, sucede lo mismo con todas las cosas de la vida. Si algo en lo profundo de su corazón le da una sensación de advertencia de la que no puede deshacerse, probablemente sea el Espíritu Santo diciéndole que ese empleo no es para usted.

Aquí comienza el estrés profesional

Mientras buscamos la voluntad de Dios para nuestra ocupación, negocios e incluso nuestro dinero, podemos encontrarnos en el lugar correcto, pero terminar sin éxito si olvidamos algunos principios; así que vamos a cubrirlos brevemente. En otras palabras, podemos estar cumpliendo la voluntad de Dios con respecto a nuestra dirección, pero nunca obtener los resultados deseados.

La ética y la integridad

No podemos ignorar nuestra necesidad de integridad y la necesidad de lidiar con la gente apropiadamente, de acuerdo con la Biblia. Estoy segura de que como yo, ha conocido a personas en las iglesias que mienten, roban y estafan a la gente de la iglesia mientras levantan las manos y adoran. Y luego hacen que sus malas prácticas suenen muy bien, como si no hubiera nada turbio en ellas.

No podemos vivir al filo del un estilo de vida carnal y esperar prosperar, porque segamos lo que sembramos (vea

Gálatas 6:7). Si somos taimados y mentirosos con respecto a nuestros hábitos en los negocios y nos aprovechamos de otros al no pagarles lo que les debemos, no podemos esperar ser bendecidos. Algunas personas piensan solamente en utilizar tácticas manipuladoras para hacer que otros miembros de la iglesia se sientan mal por ellos y les den dinero. En lugar de trabajar duro, confiar en Dios y poner en práctica los principios bíblicos, ellos defraudan a un hermano o hermana cristianos.

Es igualmente incorrecto gastar dinero "que no se tiene", cuando ni siquiera podemos pagar nuestras cuentas y, sin embargo, la gente lo hace todo el tiempo. No debemos salir de vacaciones ni ir al cine cuando no podemos pagar la hipoteca o la factura de la electricidad. Salmos 25:21 dice: *"Integridad y rectitud me guarden, porque en ti he esperado"*. ¿Qué nos guardará? La integridad y la rectitud para hacer lo correcto, sin importar lo que suceda.

LA MAYORDOMÍA Y LA ADMINISTRACIÓN

Algunos nunca entran en la voluntad y la bendición de Dios, por causa de una mayordomía y una administración malas. Permítame comenzar diciendo que personalmente no abriría un negocio o incluso un ministerio, si no tuviera las habilidades administrativas para convertirlo en un negocio exitoso. Esto no quiere decir que necesite tener una carrera en administración de empresas para comenzar uno. Sin embargo, si no podemos ni siquiera administrar nuestras propias finanzas o mantener un horario y una casa limpia, entonces es probable que esos mismos problemas nos impidan tener una correcta administración de nuestro negocio o ministerio. Conozco a personas que abren un negocio porque tienen buenas ideas e incluso talentos, dones y habilidades personales, pero no poseen la capacidad de administrar un negocio o tal vez ni siquiera las habilidades de mercadotecnia necesarias para que el negocio tenga éxito.

Parece que algunas personas no pueden triunfar, porque nunca han aprendido la disciplina o no han desarrollado las habilidades para administrar dinero o los demás aspectos necesarios. Algunos pueden encontrarse en medio de la voluntad de Dios, pero perderse lo mejor, ¡por no tener una buena administración! Esta es una tragedia muy frecuente en el Reino de Dios.

Le animo a trabajar en sus habilidades de administrativas con respecto a la organización y a la administración de su dinero, cualquiera que sea el negocio en el que se encuentre. En 1 Timoteo 1:12, Pablo dijo: *"Doy gracias al que me fortaleció, a Cristo Jesús nuestro Señor, porque me tuvo por fiel, poniéndome en el ministerio"*. Aunque la voluntad de Dios para Pablo era que se dedicara al ministerio a tiempo completo, él no habría podido adoptar el llamado o incluso caminar en él, si Dios no hubiera visto su fidelidad y su buena administración de lo que le había sido confiado.

Conozco a personas que muestran un verdadero corazón para Dios o incluso un llamado para el ministerio, pero nunca lo alcanzan, porque no pueden administrar su dinero, un horario o incluso a sí mismos de una forma que represente adecuadamente al Reino de Dios. No se pierda del destino de Dios para su vida por causa de una mala mayordomía y administración de lo que Dios le ha confiado.

Consistencia

Nada saldrá bien sin consistencia. Puede ser famoso y el más talentoso y dotado que exista, pero si no es consistente, nunca alcanzará todo su potencial. Esto sucedió con el pueblo de Israel. Dios tenía un llamado para ellos. Su voluntad era la Tierra Prometida, pero su inconsistencia hizo que muchos murieran en el desierto y se perdieran de lo que Dios tenía finalmente para ellos. Se perdieron de su voluntad, porque eran inconstantes. Un día estaban de acuerdo y al siguiente ya no. Un día permanecían fuertes en Dios y al siguiente día le daban la espalda (vea Éxodo 15:21–24; Salmos 106:12–14).

Algunos ni siquiera pueden ser consistentes para tender su cama en la mañana o para recordar si su coche tiene gasolina. Llegan tarde a la mayoría de las citas y nunca recuerdan pagar las cuentas. Otros ni siquiera se encargan de su propia higiene o modales y comportamiento social. No podemos ser inconsistentes en la vida, entrar y salir del pecado, diezmar y no diezmar, mantener un horario un día y olvidarlo al siguiente, y esperar cumplir la voluntad de Dios para nosotros.

Piénselo. Aquellos que se gradúan de una carrera son porque trabajaron hasta obtenerlo. Permanezca consistente, no solamente en los requerimientos prácticos y el trabajo de la vida, sino también en su caminar personal con Dios. ¡Este tipo de disciplina y disposición para continuar progresando le dará un ascenso!

LA VOLUNTAD DE DIOS PARA LA PROSPERIDAD Y EL DINERO

Este no es un libro acerca de la prosperidad bíblica, de manera que no pasaremos mucho tiempo enseñando esos principios aquí. Sin embargo, debido a que a menudo se debate acerca del tema, necesitamos saber si Dios desea o no que prosperemos económicamente como parte de su voluntad para los negocios y la profesión.

Algunas personas piensan que Dios desea que vivamos con muy poco, porque en cierta manera representa humildad. Eso, sin embargo, puede ser contrario a muchos ejemplos bíblicos en los que Dios bendijo y prosperó a su pueblo, no solamente espiritual y físicamente, sino también en lo material. De hecho, Salmos 35:27 dice: *"Sea exaltado Jehová, que ama la paz de su siervo".* Algunas traducciones como la NVI dicen: *"El bienestar de su siervo".* En realidad, esa es la verdadera prosperidad: tener bienestar en todas las áreas de la vida, lo cual, a decir verdad, debe incluir las finanzas.

La voluntad de Dios es que la gente prospere. Dios no está atado al dinero, pero tampoco lo ofende ni lo ofenden aquellos que lo poseen. De hecho, se necesita dinero para compartir el evangelio. Esto lo podemos ver en el ministerio de Jesús y en el de los primeros apóstoles.

Lo que debemos comprender en cuanto a la prosperidad, es que en general significa algo distinto para todos. Su significado a menudo depende del nivel educativo, las prioridades, las elecciones profesionales y demás de la gente. No podemos pensar erróneamente que debido a que Dios desea que prosperemos, el dinero comenzará a llover del cielo y no necesitaremos tener una ética laboral de calidad, un empleo remunerado u otros principios importantes. Tampoco podemos asumir que significa que nos convertiremos en el siguiente rostro de la lista *Forbes 400.*

No hay duda de que Dios puede darnos y nos pone dinero sobrenatural en nuestras manos. Yo puedo testificar al respecto. Nos han dado coches, ropa y muchas otras cosas materiales y no por ser ministros famosos. Estas cosas llegaron cuando trabajábamos en empleos seculares e intentábamos encontrar un lugar estable en el ministerio.

Diré, sin embargo, que utilizamos nuestra fe y siempre esperamos ver la bendición de Dios en nuestro camino. Cuando necesitábamos coches o casas, confiábamos en que Dios los proveería. Pero continuábamos con nuestros empleos y sacábamos provecho de nuestras limitadas fortalezas educativas en ese tiempo. Diezmábamos, dábamos ofrendas de sacrificio, pagábamos nuestras cuentas y hacíamos lo mejor que podíamos para administrar correctamente nuestro dinero. A partir de ahí, Dios nos bendijo en maneras que no esperábamos y que nunca pudimos haber obtenido nosotros mismos, ¡sin importar cuán duro trabajáramos o cuánto escatimáramos nuestro presupuesto! Dios siempre nos ha dado más de lo que hemos podido imaginar en todos los años que lo hemos conocido y servido.

Lo que no podemos hacer es definir la prosperidad con una regla ajena. No podemos determinarlo basados en las posesiones materiales de una persona o en la falta de ellas. Algunas personas no parecen ser prósperas en lo absoluto por sus posesiones materiales, pero pueden tener miles de billetes escondidos en el banco. Otros tienen todo tipo de cosas materiales, aparatos y juguetes, pero están hundidos en deudas peligrosas.

Dios desea diseñar nuestro propio portafolio de prosperidad sobrenatural, la cual incluirá cierta provisión de las necesidades e incluso muchos deseos personales para que vivamos una vida satisfecha. Esto no quiere decir que Dios no pueda hacernos libres financieramente. Desde luego que no puedo decir que Él no lo hará, ¡porque sucede! Lo vemos tanto en la Biblia como en la actualidad. Dios le ha dado a su pueblo ideas, inventos e inversiones ingeniosas que han evolucionado hasta ser negocios muy prósperos que han impactado a todo mundo, porque aquellos que lo hicieron no parecían ser capaces de algo así.

No obstante, en lo que realmente debemos enfocarnos es en que Dios desea que seamos bendecidos y en que la medida de bendición puede variar entre personas, dependiendo de diferentes factores. La clave está en que con Dios, eso puede ir más allá de nuestra capacidad. Nuestro trabajo es hacer lo que se necesita para que Dios *pueda* bendecirnos sobrenaturalmente. Dios bendijo a Abraham, pero él hizo varias cosas que lo hicieron apto para recibir la prosperidad de Dios. Si hacemos lo mismo, Dios nos prosperará también.

1. *Trabaje en un oficio o empleo.* Aunque Dios prosperó a Abraham más allá del entendimiento humano, Abraham también trabajaba duro y era un administrador de negocios. Él administraba varios cientos de siervos y cabezas de ganado (vea Génesis 13:2; 14:4) y cavó varios pozos (vea Génesis 21:30; 26:18).

2. *Diezme y dé ofrendas.* Abraham era un diezmador (vea Génesis 14:20) y le daba ofrendas a Dios en sacrificio. Incluso ofreció a su propio hijo, Isaac (vea Génesis 22).

3. *Administre correctamente lo que le ha sido dado.* Cuando Abraham y Lot no pudieron compartir económicamente la misma tierra, Abraham tomó una sabia decisión de negocios de modo que eligieran partes separadas de la tierra (vea Génesis 13:6–12). También hizo un pacto con

el Rey Abimelec para asegurar sus pozos (vea Génesis 21:25–32).

4. *Tenga fe.* Abraham creyó en que Dios haría lo que le había prometido. Dios le prometió prosperarlo y hacerlo padre de naciones y, a pesar de algunas circunstancias difíciles, Abraham creyó las palabras que Dios le dijo (vea Génesis 15:6; Romanos 4:3).

5. *Obedezca a Dios y viva en rectitud.* Abraham obedeció los mandamientos de Dios (vea Génesis 12:1–4; 15:9–11). Él instruyó a sus hijos en justicia (vea Génesis 18:19) e invocaba constantemente al Señor (vea Génesis 12:8; 13:4, 18; 21:33).

De manera que al utilizar nuestra fe para que Dios nos prospere, necesitamos apegarnos a las Escrituras, encontrar nuestra dirección profesional y trabajar en ello con diligencia y obediencia.

Confíe hoy en que Dios tiene un destino para usted. Incluso si ha cometido errores en las áreas de las que hemos hablado en este capítulo, Dios le ayudará y trabajará con usted. ¡Todos hemos cometido errores! El Señor desea ayudarnos a encontrar nuestro camino en la vida y a que seamos victoriosos en las diferentes áreas de los negocios y el dinero. Podemos confiar en que el Señor está ahí para sostenernos de la mano y ayudarnos a encontrar su voluntad en estas áreas, si estamos dispuestos a crecer con Él (vea Isaías 41:13).

Capítulo nueve

ENCUENTRE LA VOLUNTAD DE DIOS PARA LAS AMISTADES, EL NOVIAZGO, EL MATRIMONIO Y LA FAMILIA

> *No os unáis en yugo desigual con los incrédulos; porque ¿qué compañerismo tiene la justicia con la injusticia? ¿Y qué comunión la luz con las tinieblas?*
>
> 2 Corintios 6:14

A menudo se dice que elegir a la persona correcta para casarse es una de las decisiones más importantes que debemos tomar. Es completamente cierto. De hecho, casarse con la persona incorrecta (aquella con quien no compartimos metas, valores o incluso aspectos espirituales personales) ha sido uno de los factores principales por los que la gente se sale de la voluntad de Dios durante años.

Piense en la gente que ha perdido oportunidades en universidades por causa de matrimonios malos o a causa de noviazgos equivocados. Conozco a personas que están en el ministerio a tiempo completo y que no pueden llevar a cabo su llamado divino por causa de sus cónyuges, quienes resisten el ministerio. Otros han tenido que buscar la sanidad de heridas causadas por un maltrato terrible, porque se casaron con alguien con base en emociones efímeras. Por supuesto, podemos recordar a alguien, incluso a nosotros mismos, que haya perdido tiempo en un noviazgo equivocado. Para algunos no solamente ha sido una pérdida de tiempo, sino también les ha hecho lidiar con sentimientos heridos y a menudo les ha acarreado un sinfín de otros problemas.

De entre todas las cosas de las que las que no debemos salirnos de la voluntad de Dios, el noviazgo y el matrimonio son las más importantes, porque los resultados tienen un impacto duradero y permanente en nuestra vida. Sin embargo, es en esta área en la que más comúnmente nos salimos de la voluntad de Dios. La mayoría de los cristianos conocen los principios bíblicos básicos sobre el noviazgo y el matrimonio, y saben que no deben salir o casarse con un no creyente. No obstante, a pesar de ello, muchos lo hacen y se arrepienten más tarde. Otros cristianos verdaderos solamente desean estar seguros de que si salen con alguien o consideran casarse con alguien, puedan ubicar la voluntad de Dios en ello.

Permítame comenzar diciendo que sería mejor permanecer solteros y caminar a solas con Dios por el resto de nuestra vida que casarnos con la persona equivocada. Habiendo dado consejería a muchas personas con familias o matrimonios disfuncionales, ¡le ruego que no se case con la persona equivocada! Pregúntele a cualquiera que haya sido víctima de abuso, irresponsabilidad, abandono, control y manipulación domésticos, bancarrota o problemas delictivos por causa de su cónyuge.

No pretendo asustar a la gente que desea casarse, sino ayudarlos a utilizar la sabiduría divina que lleva a seguir la voluntad de Dios.

A lo largo de los años, he encontrado gente que habla acerca de cuan cansados están de esperar que llegue el Sr. Correcto o la Sra. Adecuada. Después de años de esperar comienzan a pensar que la persona nunca llegará. Por supuesto, normalmente antes de que eso sucediera, ellos comenzaron con una lista de requisitos para el cónyuge que deseaban que Dios les diera. A menudo, su lista incluye un número bastante grande de aspectos divinos de carácter que deseaban que la persona tuviera.

Cuando pasan los años, algunos comienzan a creer que las expectativas anteriores eran demasiado altas, de manera que se conforman con mucho menos. Sus expectativas continúan disminuyendo y, con el pasar de los años, algunos olvidan por completo la lista.

El diablo ve esto y, en el momento perfecto, envía a una persona "espectacular" del género opuesto a su iglesia. O sea, la iglesia es el lugar donde la gente desea conocer a su pareja, ¿no? ¡Así que todo parece perfecto! Desde luego, para algunos, el diablo ni siquiera tiene que llevar a la persona a la iglesia, el cristiano decepcionado busca posibles citas en lugares donde no debería.

Así que el diablo hace que un nuevo candidato potencial aparezca en el momento "perfecto", porque para entonces, estos buenos cristianos están tan desesperados por encontrar pareja, que buscan razones creativas de por qué esa persona es la adecuada. Ignore el hecho de que el nuevo candidato potencial no tiene un ingreso consistente o se ha casado un par de veces. Ignore que él (o ella) no levanta sus manos en adoración ni se conecta con el mensaje del pastor.

Aunque esta persona no cumpla con la mayoría de requisitos de la lista original de expectativas para un cónyuge, estos cristianos pasan por alto la infinidad de señales de advertencia. Muy a menudo se casan a pesar del parecer de amigos, familiares y del consejo pastoral. Todos hemos visto resultados bastante tristes de este panorama, en el que cristianos que alguna vez fueron fieles, dejan la iglesia, su vida se hace trizas e incluso algunas veces se regresan al mundo por completo. Lamentablemente, algunos deciden vivir una versión somera del cristianismo.

Para aquellos que realmente desean la voluntad de Dios con respecto a la persona con quién casarse, existen varios principios que deben observar. Y deben tomar la firme decisión de no poner en riesgo estos principios. Revisemos algunos de los principios importantes para determinar la voluntad de Dios con respecto a la pareja.

El patrón

La Biblia dice que el matrimonio es la imagen de Jesús y la Iglesia. Efesios 5:22–33 nos dice que el esposo representa a Jesús, quien debe amar y cuidar a su esposa. Él debe ser un ejemplo espiritual tal y como Jesús lo es para con nosotros. También debe mostrarle cariño a su esposa, de la manera en que Jesús se lo muestra al Cuerpo de Cristo. La esposa debe devolver ese cariño y cuidado con un espíritu sumiso, en la manera que el Cuerpo de Cristo respeta a Jesús. Recuerde que el Cuerpo de Cristo se somete a Él, por su amor y su provisión. La esposa entonces debe honrar al esposo de la manera en que la Iglesia honra a Cristo y se dedica a Él.

Este es el patrón bíblico básico para el matrimonio. El primer principio clave para encontrar a la persona correcta es preguntarse: "¿La persona con quien estoy saliendo, o considerando casarme, es el tipo de persona con quien podré emular este patrón?". Necesitan determinar, en caso de poder casarse, si como pareja ambos podrán emular a Jesús y a la Iglesia.

Cualquiera puede imitar la manera de hablar cristiana y actuar como un cristiano dedicado; de manera que no siempre podemos basarnos en la manera en que la gente se presenta al principio. Además, incluso las mejores parejas y las más santas sufrirán pruebas en su matrimonio, así que es bueno conocer con antelación el carácter de la persona con quien planea casarse. Necesita tomar una determinación firme con anticipación, de manera que cuando su matrimonio sea puesto a prueba, pueda confiar en que está con la persona que Dios eligió para usted.

Por lo tanto, es sabio observar diferentes factores que conforman en gran medida a una persona. Muchos de estos factores pueden verse en quien la persona es ahora, pero a menudo pueden ser más claros al considerar quién era esa persona antes de conocerla. Cuando pasen tiempo juntos, mantener en mente estos factores, le ayudará a sacar a la superficie cualquier área de inquietud, o le asegurará que la persona es un buen candidato para casarse.

Un rasgo negativo o dos en algunas áreas que vamos a revisar, no descalifican automáticamente a alguien. Necesitamos examinar el carácter en general de la persona. Pero los problemas menores, especialmente si solamente son pocos, a menudo conforman quien la persona es en realidad. Si existe alguna inquietud, entonces las áreas problemáticas normalmente se acentuarán, asumiendo que estemos dispuestos a aceptarlas.

LA PARTICIPACIÓN EN LA IGLESIA

Piense en la participación en la iglesia y las experiencias de la persona. ¿La persona ha estado comprometida con la iglesia durante largo tiempo o se compromete esporádicamente? Alguien que no habla mucho acerca de su experiencia en la iglesia, puede no tener mucha. Posiblemente ha estado en la iglesia, pero ha asistido a tres o cuatro iglesias en los años anteriores. Posiblemente esa persona tenga un espíritu divisivo y descontento que provoca que cambie de iglesia. Podría ser bueno considerar si la persona tiende a ganarse el respeto de los miembros de la iglesia o del liderazgo en el entorno de la iglesia.

Para algunos es claro que los gustos de la pareja potencial con respecto a la elección de iglesia son diferentes. ¡Los intereses divididos con respecto a la elección de iglesia han provocado problemas en muchos matrimonios! Además, considere cómo actúa la persona en la actualidad en la iglesia. ¿La persona asiste a la iglesia en un esfuerzo por encontrarse con Dios o asiste a la iglesia por obligación religiosa o solo como una experiencia? Si el tema e interés de la iglesia parece permanecer en el fondo, posiblemente sea un área de preocupación.

La experiencia cristiana

¿La persona es un cristiano comprometido que muestra lo básico de la madurez cristiana? ¡Los frutos de un cristiano activo que está creciendo serán evidentes! Se demostrará en la manera en que la persona habla, ora y trata a la gente. Esa persona no se pondrá en peligro ni lo pondrá en peligro a usted cuando nadie esté mirando. La mayoría de las personas pueden distinguir a un cristiano verdadero y estable de uno que no lo es. Una vez más, las señales de que existe un problema se harán evidentes si usted está dispuesto a verlas.

La experiencia familiar

Es evidente que cada vez más personas crecen en familias disfuncionales. No siempre podemos determinar cómo es una persona, basados en la familia de la que proviene. Sin embargo, si la persona ha pasado por varios matrimonios fallidos, tiene hermanos con matrimonios fallidos y creció sin un padre (y así sucesivamente), vale la pena pensarlo. De nuevo, no siempre podemos decir que es un factor determinante. No obstante, si la persona tiene una larga lista de problemas familiares, ya sea con los familiares inmediatos o cercanos, es bueno considerar si la persona tiene las competencias de vida necesarias para ser el tipo de persona con quien usted desea comenzar una familia. Si esta persona tiene una historia familiar poco deseable, vale la pena preguntarse si ella ha desarrollado las destrezas de vida necesarias para dar buenos resultados.

LA EXPERIENCIA SEXUAL

Sé que puede ser que usted considere casarse con alguien que ya ha estado casado o que ha tenido un pasado problemático, pero que realmente ha experimentado una transformación total en su vida. Existen buenas personas que no pueden cambiar su pasado. Sin embargo, es una buena idea mantener en mente que aquellos que vienen de un pasado con muchos problemas sexuales y múltiples experiencias, pueden no ser capaces de responder correctamente en esa área del matrimonio.

Antes de casarse con alguien, necesita considerar si el problema ya ha sido sanado o tratado. Además, es posible que una persona con una convicción o autocontrol limitados con respecto al sexo fuera del matrimonio, no cambie sus hábitos una vez casado y algunas veces el problema empeora.

PASATIEMPOS E INTERESES

Los intereses de una persona nos dicen mucho acerca de ella. ¿Qué le gusta hacer los fines de semana a su pareja potencial? Con optimismo, los intereses de la persona serán puros y honorables, pero si algunos no lo son, necesita considerar si la mayoría de sus intereses no son honorables.

Además considere cosas como el hecho de que la persona no tenga pasatiempos, porque está muy ocupado trabajando todo el tiempo. Esto también puede contribuir a graves problemas en el matrimonio y la familia.

¿La persona solamente desea involucrarse en sus propias actividades o está interesado en las actividades de los demás? Si la persona solamente desea enfocarse en sus intereses, gustos, comodidades y elecciones de comida, esto conllevará seguramente a problemas mayores en los años de matrimonio.

AMISTADES

Como dice el dicho: "Dime con quién andas y te diré quién eres". Lo he visto una y otra vez en las iglesias. Los cristianos maduros y estables tienden a desear estar con cristianos iguales. Los cristianos carnales tienen a reunirse con otros cristianos carnales. A las personas divisivas y chismosas les gusta salir con otros chismosos.

Algunas veces me he asombrado cuando alguien a quien le hemos dado consejería acerca de problemas de orden sexual encuentra a alguien en la iglesia con problemas sexuales similares. Posiblemente la congregación no tenga idea de su vida privada. Sin embargo, nosotros, al saber los problemas que ambos han tenido, los vemos entablar una amistad. Tampoco estoy diciendo que la amistad tenga una naturaleza sexual. A menudo, sucede que estas personas "que padecen del mismo mal", por decirlo de algún modo, tienden a encontrarse y de alguna manera se convierten en "los mejores amigos".

De la misma manera, la gente mundana, incluso si se hacen llamar "cristianos" tendrá amigos mundanos. Pueden intentar explicar todo el día por qué tal o cual es su amigo, pero si sus amigos no tienen frutos cristianos de calidad, no hay nada qué explicar. Una persona que se junta constantemente con no creyentes, con cristianos carnales o con cristianos superficiales, lo hace porque algo de esas personas concuerda con ellos.

De hecho, la Biblia habla más acerca de cómo escoger a los amigos correctos que acerca de cómo escoger al cónyuge perfecto. Por supuesto, los principios bíblicos para elegir una pareja son los mismos que para elegir buenos amigos y deben retenerse más cuidadosamente (vea 1 Corintios 5:11; 2 Tesalonicenses 3:6; Santiago 4:4; 1 Juan 2:15; 2 Juan 1:10).

LA EXPERIENCIA ECONÓMICA Y PROFESIONAL

La gente lo ha dicho durante años: "Señorita, si él no trabaja, ¡no se case con él!". ¿La persona con quien piensa casarse tiene una buena ética laboral? ¿Esa persona puede desempeñar un trabajo responsable o tiene un empleo remunerado? Incluso una mujer que planee ser ama de casa debe tener una fuerte ética laboral para mantener limpia una casa y cuidar de las necesidades de la familia. Considere si la persona ha podido permanecer en un empleo durante un tiempo razonable. Personalmente veo un problema cuando alguien no puede permanecer en nada y va de un empleo a otro constantemente o de una idea efímera de negocios a otra.

Debe considerar igualmente los criterios financieros de la

persona. Los problemas económicos y las catástrofes bancarias son la causa principal de la destrucción de los matrimonios. Normalmente no debemos estar mucho tiempo con alguien para saber cómo es la persona, hablando de términos económicos. Hay cosas que muestran estabilidad económica y por lo general existen signos reveladores de problemas o de indiscreción económica. Por ejemplo, si la persona constantemente compra obsequios lucrativos que usted sabe que el salario de su puesto no puede pagar, esto puede ser un signo de preocupación.

El estilo de vida y las convicciones

Al considerar a alguien para casarse, usted también debe observar su estilo de vida y sus convicciones. Algunas personas no piensan que es malo ver algunas películas o ir al casino de vez en cuando. Si va a casarse con alguien, esa persona necesita compartir sus parámetros bíblicos de vida. Si pasan tiempo juntos y constantemente están en desacuerdo con las actividades que consideran aceptables, este problema crecerá y probablemente provocará una gran división.

El estilo de vida de una persona también tiene relación con la limpieza, la higiene, los modales y el garbo social. Caballero, si usted cuando la visita en su departamento encuentra animales por todos lados y parece un tiradero de basura, ¡es mejor que determine ahora si ese es el hogar en el que desea vivir todos los días! Señorita, si él tiende a salir por ahí sin rasurarse, con una playera desteñida, bermudas viejas y sandalias, entonces decida si desea que la vean con alguien así en el centro comercial. Posiblemente ahora se arregle cuando sale con usted, pero cuando tengan una vida juntos, probablemente no le preocupe tanto vestirse de manera presentable para salir en público.

LA PERSONALIDAD

Por último, debe decidir si está atraído por la personalidad de su pareja potencial en general. ¿Es agradable convivir con la persona? ¿La persona lo trata correctamente? Los cambios de ánimo, las lágrimas, la depresión, la ira, los celos, el silencio y la susceptibilidad no desaparecerán cuando se casen.

Las áreas de preocupación acentuadas o que aumentan constantemente antes del matrimonio, no desaparecerán solamente porque se casan. Una vez más, observe los signos. La razón principal por la que la gente se pierde de la mejor elección de Dios en una pareja, se debe al síndrome "el amor es ciego", el cual hace que la gente ignore los signos principales. La mayoría de los cristianos que tienen un discernimiento básico, normalmente saben si hay cosas preocupantes. El problema surge cuando la gente ignora las señales, porque anhelan casarse. Entonces avanzan de todos modos, sabiendo que ellos y sus cónyuges potenciales no están bajo el mismo yugo.

Si usted está buscando la voluntad de Dios con respecto a una pareja, mantenga el principio básico. Vaya continuamente a 2 Corintios 6:14 que dice: *"No os unáis en yugo desigual con los incrédulos; porque ¿qué compañerismo tiene la justicia con la injusticia? ¿Y qué comunión la luz con las tinieblas?"*. El versículo básico nos recuerda que simplemente no podemos hacer amistad, sociedad o alianza con nadie que no esté con Dios o alguien que tenga un objetivo diferente al nuestro. Remárquelo: ¡No funcionará! La voluntad de Dios con respecto a su pareja puede determinarse en gran parte al considerar estas cosas. Le ayudará a decidir si ambos pueden imitar el patrón bíblico de Dios para el matrimonio.

CIERRE LOS OJOS

Otro principio importante para encontrar la voluntad de Dios con respecto a la persona correcta es dejar de buscar. Dios le llevó a Eva a Adán cuando él estaba dormido. Observe que *Dios* fue quien se la llevó. ¡Dios no envió a Adán a buscarla! Creo que este es un ejemplo profético de la manera en que Dios desea que la gente encuentre a su cónyuge. Dios hizo que Adán se durmiera cuando Eva llegó, no solamente porque ella fue tomada de su costado, sino también para representar que no podemos buscar incansablemente a la persona correcta. Necesitamos dejar que Dios nos la traiga.

Adán no corría por el huerto intentando encontrar llenura, aunque estoy segura de que le faltaba algún tipo de compañía. Sin embargo, él mantuvo su relación con Dios y, en su momento, Dios se ocupó de que las necesidades de Adán fueran satisfechas.

Si usted busca un cónyuge aquí y allá, se arriesga a cometer un error. Normalmente la razón por la que la gente busca, es porque se inquietan de esperar. Esta tendencia puede alejarlo de la voluntad de Dios también en otras áreas.

Por ejemplo, algunas personas dejarán de asistir a la iglesia a la que han pertenecido durante años, porque finalmente deciden que no hay nadie con quién casarse ahí. Así que en lugar de permanecer donde Dios los ha llamado, ¡corren a otra iglesia que piensan que puede haber más de dónde escoger! No permita que la inquietante necesidad de encontrar una pareja provoque que usted comience a perderse de la voluntad de Dios en varias áreas.

Si usted aún es soltero y espera casarse un día, establezca sus criterios y mantenga sus ojos en el Señor. Si Dios no le envía a alguien en el periodo de tiempo que usted ha establecido, permanezca satisfecho en él. Si se le dificulta cada vez más, confíe en que puede hablar abiertamente con el Señor acerca de sus sentimientos, tal como Jesús lo hizo en el Huerto de Getsemaní, cuando dijo: *"Padre, si quieres, pasa de mí esta copa..."* (Lucas 22:42). Él le estaba confesando al Padre cuán difícil eran las circunstancias presentes. Sin embargo, continuó la oración diciendo: *"... pero no se haga mi voluntad, sino la tuya."*. (Lucas 22:42). Compártale al Señor sus sentimientos, pero asegúrese de poner su vida y sus planes en sus manos.

Al mantener algunos principios y criterios, y al determinar dejar que el Señor le traiga a la persona correcta en su tiempo, usted no se perderá la voluntad de Dios acerca de su pareja correcta.

Capítulo diez

ENCUENTRE LA VOLUNTAD DE DIOS PARA LA SALUD, LA MEDICINA Y LA SANIDAD DIVINA

Envió su palabra, y los sanó,
y los libró de su ruina.

SALMOS 107:20

E xisten dos áreas con las que todos lidiamos en un punto u otro: los problemas concernientes a la salud y las finanzas. Algunos grupos cristianos han criticado aquello que ha sido etiquetado como "el evangelio de la salud y la prosperidad", lo cual básicamente se refiere a los sermones de aquellos que predican regularmente acerca de la sanidad divina y la prosperidad financiera. Existe un fundamento para la crítica contra aquellos que apenas se enfocan en la Palabra de Dios, como en el carácter cristiano, entre otras cosas.

No obstante, piense sinceramente al respecto: todo mundo tiene problemas de salud y económicos en su vida. Estas son dos áreas de la vida que afectan a todas las personas vivientes, así que necesitamos abordar estos temas con regularidad, no solamente desde una perspectiva práctica, sino también sobrenatural. En otras palabras, necesitamos enseñar acerca de las habilidades prudentes de administración financiera; pero también necesitamos enseñarle a la gente acerca de la bendición sobrenatural de Dios con respecto al dinero. De la misma manera, necesitamos hablar acerca de una dieta y un estilo de vida saludables, pero también necesitamos enseñar acerca de las promesas de Dios con respecto a la salud divina.

Todos necesitamos confiar en la voluntad de Dios con respecto a nuestra salud y los problemas relacionados con esta, de manera que podamos tomar decisiones correctas en nuestra vida. Algunas personas no confían en las promesas de Dios con respecto a la sanidad divina, mientras que otros tienen problemas para seguir a Dios al tomar decisiones médicas a medida que trabajan con sus médicos con respecto a su salud, entre otras cosas. Examinemos aquí algunos principios que pueden ayudarnos a encontrar la voluntad y la dirección de Dios en la salud y la medicina.

LA VOLUNTAD DE DIOS PARA LA SANIDAD

Aunque podríamos escribir un libro entero acerca de la sanidad divina y la voluntad de Dios al respecto, aquí simplemente estableceremos la verdad ofreciendo una perspectiva bíblica general. A lo largo de las Escrituras, Dios siempre le ha provisto sanidad a su pueblo.

Cuando vemos al pueblo de Israel, siempre vemos que Dios les proveyó sanidad. Sabemos que cuando servían al Señor, la sanidad y la salud divinas siempre eran suyas. En Éxodo 23:25, Dios les dijo:

> "Mas a Jehová vuestro Dios serviréis, y él bendecirá tu pan y tus aguas; y yo quitaré toda enfermedad de en medio de ti.".

Incluso cuando lo desobedecían, una vez que lo invocaban por ayuda, Dios se acercaba a ellos y sanaba sus dolencias. Encontramos su promesa de sanidad en Salmos 103:1–3, en Salmos 107, en Jeremías 30:17 y en muchos otros versículos en las Escrituras.

Lo que realmente prueba que el Señor nos desea sanos y bien se encuentra en el pasaje conocido de Isaías 53:4–5, que nos dice que Jesús fue golpeado con 39 latigazos y derramó su sangre para que aquellos que lo invocaran pudieran ser sanos. Algunos discuten si el sacrificio corresponde a la sanidad espiritual o física, pero yo creo que la Biblia indica claramente que es una sanidad que lo incluye todo.

En otras palabras, Jesús vino a dar una sanidad integral. Lo sabemos porque Jesús proporcionó sanidad física a multitudes en Galilea, de la misma manera que tocó vidas en otros aspectos. Cuando lo invocaban con fe, ¡Él los sanaba! De hecho, no vemos en ninguna parte de las Escrituras que Dios tuviera una razón "escondida" para que su pueblo no pudiera recibir sanidad o no pudiera vivir en salud divina.

Los primeros apóstoles también llevaron sanidad a los enfermos. Evidentemente, ¡ni Jesús ni los apóstoles se detuvieron a pedirles a quienes necesitaban sanidad que esperaran hasta determinar si era la voluntad de Dios sanarlos! Yo creo que era porque estos apóstoles sabían que ya estaban demostrando la voluntad de Dios al aliviar el dolor de la gente. Jesús puso en claro que venía a hacer la voluntad de su Padre y eso sin duda incluía todas las sanidades dirigidas hacia la gente lastimada y desesperada de Galilea.

Tenga por seguro, si usted se está preguntando si Dios desea que sanarlo, ¡que Él lo desea! Los "perseguidos" a los que se refiere la Biblia, siempre se refiere a la persecución que se da como sufrimiento. Es el ataque que proviene de aquellos que odian y rechazan el evangelio, como lo encontramos en 2 Timoteo 3:12. Dice: "*Y también todos los que quieren vivir piadosamente en Cristo Jesús padecerán persecución*". Es por ello que el apóstol Pablo fue perseguido por causa de Cristo. No era una persecución en forma de una enfermedad física "diseñada por Dios". El concepto simplemente no encaja con el panorama completo del carácter de Dios en la Biblia.

Comprenda ahora que no importa la enfermedad o aflicción que le ha sobrevenido, Dios desea sanarlo y liberarlo. Esa es su voluntad, ¡solamente necesita creerla por fe!

LOS MÉDICOS Y LA FE

A menudo la gente se pregunta: "Bueno, si tengo fe para ser sanado, ¿entonces es una falta de fe que me tome un medicamento o que busque la ayuda de un médico?". Esta es una pregunta válida que ha surgido a menudo en la cristiandad a lo largo de los años y que ha provocado mucho debate. Algunos piensan que si acuden al médico, de alguna manera están fuera de la voluntad de Dios y Él no los bendecirá, porque necesitan confiar únicamente en Él. Consideremos algunos puntos para determinar la respuesta a esta pregunta.

LA CULTURA MÉDICA

En primer lugar, tenemos que entender la cultura en la que vivimos. Estados Unidos en particular, es una cultura dependiente de la medicina. En comparación con otros países, tenemos la intervención médica al alcance de nuestras manos, incluso cuando no podemos costearla. Nuestra sociedad ha creado un tipo de recurso médico, bueno y malo, para todo

lo que podamos soñar. Así que es comprensible que mucha
gente no se fíe algunas veces de la medicina y que deseen discernir bien cuando se trata de elegir el camino hacia la salud.
Además, los cristianos a menudo desean conocer la opinión de
Dios acerca de los remedios médicos que eligen.

Todos sabemos que aunque la ciencia médica ha logrado
grandes hazañas, ha habido daños también. Solamente porque
el médico dice que algo es una buena idea, no quiere decir
que lo sea siempre, porque muchos medicamentos y procedimientos tienen varios efectos colaterales a largo plazo. De
manera que ser sabios al elegir algunas intervenciones médicas
está bien desde ese punto de vista.

Sin embargo, nos hemos dado cuenta de que aunque
nuestra cultura dependiente de los médicos permite la libertad
de tomar decisiones con respecto a algunos medicamentos y
procedimientos, no permite rechazar demasiado la atención
médica o dental. La mayoría de las escuelas requieren un historial de vacunación. Aunque se pueda estar en desacuerdo,
las vacunas infantiles continúan siendo una norma esperada.
También se esperan exámenes oftalmológicos, dentales y
físicos básicos.

He visto grupos cristianos de todos los extremos. Algunos
dependen de la medicina para cualquier detalle, porque no
creen poder esperar que Dios los sane. Otros piensan que la
ciencia médica presenta demasiados riesgos y que uno debe
depender únicamente de Dios y de la fe para las necesidades
de sanidad. Algunos van todavía más allá, diciendo que acudir
a un médico representa una falta total de fe en la capacidad
de Dios de sanar milagrosamente. Increíblemente, ¡algunos
de ellos no acuden a un médico cuando se presenta una

enfermedad desconocida, pero corren a la sala de emergencias cuando creen que se han fracturado una pierna!

Debemos considerar lo siguiente, no obstante nuestras distintas creencias: nuestra sociedad dependiente de la medicina esperará que todos al menos reciban la atención médica básica, como revisiones médicas, ayuda con enfermedades leves, entre otras cosas. La comunidad médica y la ley sanitaria no van a considerar a quien se niega a llevar al médico a un niño gravemente enfermo, porque no cree en acudir a un médico.

Esto sucede especialmente cuando algo malo le sucede a un niño. Ha habido juicios contra padres que se han negado a solicitar la intervención médica para sus hijos cuando estos necesitan atención de emergencia. De hecho, se requieren investigaciones especiales para cualquiera que no muere en un hospital en presencia del personal médico.

La situación es diferente en algunos países que no cuentan con recursos médicos. Esas personas no siempre pueden acudir al médico. Sin embargo, nosotros podemos hacerlo, y se espera que lo hagamos. Por lo tanto, necesitamos discernir la sociedad en la que vivimos. Sabiendo todo esto, necesitamos comprender que lo lógico es que todos busquemos ayuda médica en algún punto, si deseamos ser considerados como personas sensatas y responsables.

Nuestra sociedad tiene una expectativa completamente diferente con respecto al campo de la medicina contra lo tocante a otras áreas de necesidad para las cuales buscamos la ayuda del Señor. Nadie cuestionará su nivel de responsabilidad ni lo citará por negligencia, porque rechazó la ayuda de su prestamista local mientras oraba por un milagro económico o porque deseaba que toda su confianza con respecto a la provisión económica, estuviera en Dios. A pesar del resultado económico, la decisión de buscar la ayuda del banco es exclusivamente suya. Sucede lo contrario con los problemas médicos. En algún punto, necesitará buscar atención médica.

Ahora, por otro lado, no estoy diciendo en absoluto que necesitemos hacernos adictos a los médicos y los medicamentos como muchos estadounidenses. Cuando tenemos un problema minúsculo, tendemos a pensar que hay alguna píldora, hierba, suplemento alimenticio o pócima que podemos tomar para solucionarlo. Tan problemático como puede ser rechazar la ayuda médica, también lo puede ser el abuso y la dependencia de todo lo médico. La ciencia médica tiene sus límites y sus defectos.

De manera que, ¿asistir al médico y tomar medicinas representa una "falta de fe"? ¿Una persona que obtiene ayuda médica debe ser vista como alguien que de alguna manera se ha dado por vencido en su confianza en la intervención milagrosa de Dios y debe conformarse con menos?

Muchos se remiten a las escrituras acerca del rey Asa, quien murió, porque buscó a los médicos y no al Señor (vea 2 Crónicas 16:12). Ellos piensan que debido a que Asa acudió al médico, de alguna menara le falló o desagradó a Dios. La mayoría de las traducciones de este versículo indican claramente que la enfermedad de Asa se empeoró, no por haber acudido al médico, sino porque él dejó a Dios fuera de la ecuación por completo.

Todos sabemos que cuando dejamos fuera a Dios por completo y nos convertimos en adictos a la medicina, nos estamos limitando a las deficiencias de estos remedios. La ciencia médica no puede resolverlo todo, como Asa lo descubrió. Necesitamos a Jesús, el Médico Divino en nuestra vida, acudamos o no con el médico.

No creo que Dios vea algo como buscar ayuda médica como el indicador principal para determinar si nos falta fe. ¡No creo que Dios se fije tanto en eso sino en el estado de nuestra provisión de fe mucho antes de que llegara la enfermedad! Él sabe cuánto tiempo espiritual hemos invertido o cuan maduros estamos en algunos aspectos de la fe, muchos antes de hacer la cita con el médico.

Además, Dios comprende la sociedad en la que vivimos y sabe que es lógico que recibamos en cierta medida ayuda médica para varios asuntos.

Observe que cuando se trata de la fe, algunas personas pueden confiar en Dios para algunos problemas y ver resultados instantáneos. Sin embargo, en otras áreas, necesitamos desarrollar nuestra fe y darle tiempo para crecer. En lo que el rey Asa se equivocó, fue en dejar de buscar a Dios como su fuente suprema y poner su confianza en los médicos más que en Dios. Llamar al médico o buscar ayuda de la medicina no fue el factor decisivo para la fe o la falta de fe de Asa, y tampoco lo será para nosotros.

Si está buscando al Señor activamente y siente la necesidad de buscar ayuda médica, no debe sentirse como si el Señor se ofendiera por su capacidad de fe. Que la situación le sirva para mostrar que posiblemente necesita crecer en fe o en la capacidad de recibir sanidad en esa área, ya sea por primera vez o como un curso de actualización. Utilícela como una oportunidad para edificarse en las promesas de Dios con respecto a la sanidad. Una vez más, el mejor tiempo para edificar su fe en general, no es cuando viene la tormenta, sino mucho antes de que esta se acerque.

Conozca su nivel de fe

Algunas personas desean levantarse en fe de sanidad, pero la fe no es automática. Evidentemente, podemos experimentar el "don de fe" que encontramos en 1 Corintios 12:9, el cual es una oleada momentánea de fe sobrenatural que viene del Espíritu Santo. Este don es una fe sobrenatural que no tenemos que desarrollar. Simplemente viene sobre nosotros para una situación en particular.

Sin embargo, la mayor cantidad de fe que necesitamos para que nuestras oraciones sean respondidas, debe desarrollarse leyendo y meditando la Palabra de Dios (vea Romanos 10:17) junto con la oración (vea Judas 1:20; Mateo 17:21). Todos necesitamos crecer en este tipo de fe, porque la Biblia nos dice que así debe vivir un cristiano. La Biblia menciona cuatro veces: *"El justo por la fe vivirá"* (vea Habacuc 2:4; Romanos 1:17; Gálatas 3:11; Hebreos 10:38). Debido a que se repite cuatro veces, este debe ser un ingrediente muy importante para tener éxito en nuestro caminar espiritual con Dios.

A lo largo del ministerio de Jesús y de los primeros apóstoles, la gente era sanada específicamente por su fe para recibir sanidad. Entre muchos ejemplos similares, vemos cómo Jesús buscaba fe, cuando dos hombres ciegos se le acercaron para que los sanara en Mateo 9:27–30. Jesús les preguntó: *"¿Creéis que puedo hacer esto?"* (Mateo 9:28). Una vez que Jesús podía ver su fe, los ciegos sanaban. En Hechos 14:8–10, Pablo ministró a un hombre cojo en Listra. La Biblia dice que Pablo fijó sus ojos en él: *"viendo que tenía fe para ser sanado"* (Hechos 14:9).

La Biblia muestra una evidencia convincente de que si deseamos que Dios nos sane, necesitaremos fe; y sabemos que la Biblia nos enseña que la fe debe edificarse a través de un proceso y todos debemos crecer en fe. Un buen ejemplo es el de Pedro: Jesús oró por él durante el tiempo de prueba antes de la crucifixión. Dijo:

Simón, Simón, he aquí Satanás os ha pedido para zarandearos como a trigo; pero yo he rogado por ti, que tu fe no falte; y tú, una vez vuelto, confirma a tus hermanos.

—LUCAS 22:31–32

En otras palabras, Jesús le decía a Pedro que su oración específica era que su nivel de fe pudiera soportar lo que estaba por experimentar. Posiblemente se debía a que Jesús ya sabía que el nivel de fe de Pedro era bajo en ese momento.

Nosotros también necesitamos determinar nuestro propio nivel de fe para algunas cosas que enfrentamos. Estamos listos para luchar contra algunas cosas, mientras que para otras necesitamos regresar a nuestra Biblia y a nuestros espacios de oración y fortalecer los músculos de nuestra fe.

Después de Pentecostés encontramos a un Pedro muy distinto, cuando en lugar de acobardarse con el desafío que tenía a mano, se enfrentó a aquellos que crucificaron a Jesús en su primer sermón registrado (vea Hechos 2). Podemos ver que Pedro había progresado en su fe y estaba listo para confrontar cualquier cosa que antes lo intimidaba. ¡Esta vez, lo superó!

Cuando enfrente algunas batallas contra la enfermedad y no esté seguro si utilizar la ayuda de un médico, sepa cuál es el nivel de su fe en la situación. Si su corazón siente temor y está titubeando, ¡definitivamente llame al médico! Después, entre en su tiempo de oración para que pueda permitirle al Espíritu Santo levantarse en su interior y vencer cualquier enfermedad que pueda ser. Todos tenemos áreas en las que necesitamos desarrollar nuestra fe o refrescarla.

Podemos saber mucho acerca de nuestro nivel de fe basados en el tiempo que pasamos alimentándonos de las cosas espirituales, especialmente en nuestra situación. Entre más acostumbrados estemos a meditar en la Palabra de Dios y a orar, seremos más hábiles y hará que nuestro nivel de fe se fortalezca.

Además, todos necesitamos maestros y líderes espirituales a quienes podamos escuchar predicar acerca de temas como la sanidad divina. Esto también hace que tengamos un mayor conocimiento de las Escrituras para que podamos aprender cómo utilizar las verdades de la Palabra de Dios como armas de guerra (vea Efesios 6:17; Hebreos 4:12).

Si usted se ha formado el hábito de hacer lo necesario para desarrollar su fe para obtener sanidad antes de que vengan ataques o enfermedad, confiará naturalmente en la victoria. Conocerá su nivel de fe y este, por consiguiente, lo ayudará a responder. Si su nivel de fe es bajo, porque usted sabe que no se ha desarrollado en esa área, ¡entonces comience ahora! No solamente se dé por vencido a la sanidad divina a través de la fe después de llegar a casa del consultorio del médico, sabiendo que no ha recibido un buen diagnóstico. ¡Comience a incrementar su nivel de fe!

Me gusta la historia que leí en un boletín cristiano hace años, que habla acerca de un hombre que contrajo una grave enfermedad del corazón. Él estaba tan débil y cansado, que no podía hacer casi nada. Debido a que se sentía tan mal y necesitaba alivio, acudió al médico. Los médicos dijeron que su corazón apenas estaba funcionando y que necesitaba un trasplante. A él nunca le habían diagnosticado ninguna cardiopatía.

Solamente le dijo al médico: "Doctor, ¡solamente deme la

medicina que me recomienda para sentirme por lo menos un poco mejor y me iré a casa y hablaré con Dios para que me sane!". El hombre no se opuso a tomar la medicina y siguió todas las instrucciones de su médico. Incluso dejó que lo inscribieran en la lista de trasplantes.

En el intervalo, él comenzó a incrementar el nivel de su fe para recibir un milagro. Se apegó a la Biblia y confesó en voz alta los versículos que hablan acerca de la sanidad. Él se llenó a sí mismo de esperanza *todos los días* a través de la Palabra de Dios en oración. Incluso un día decidió podar el césped como un paso de fe. Solamente podía dar unos cuantos pasos, pero estaba determinado a no aceptar un no por respuesta y deseaba dar pasos de fe.

Para no hacer el cuento largo, en menos de dos años, los médicos encontraron que después de todo, no necesitaba un trasplante de corazón; y de hecho, le dijeron que los análisis habían mostrado resultados asombrosos. ¡Parecía como si tuviera un corazón nuevo! ¡Sanó completamente!

Lo que podemos aprender de esto, es que cuando el hombre obtuvo el diagnóstico por primera vez, fue a casa y evaluó el nivel de su fe e hizo lo que necesitaba para llegar al nivel que necesitaba. Al hacerlo, obtuvo la victoria. Esta también es la voluntad de Dios para usted, levantarse en victoria sobre la enfermedad y las dolencias.

De manera que no piense si debe acudir al médico o no. Nuestra sociedad espera que recibamos atención médica para muchas cosas, así que no podemos tomar la postura de no aceptar la intervención médica en nombre de la fe y la oración. Sin embargo, también necesitamos edificar nuestra fe en el Dios vivo y no en lo que la ciencia médica pueda proporcionar. Si estamos conscientes de esta prioridad, permaneceremos dentro de la voluntad de Dios para nuestra sanidad. Esto también nos ayudará a decidir efectivamente si incorporaremos la dimensión médica cuando sea necesario.

TOMAR MEDICAMENTOS

Durante el proceso de confiar en Dios para obtener sanidad, la gente a menudo pregunta si debe continuar tomando sus medicamentos y durante cuánto tiempo. A algunas personas les han recetado medicamentos permanentes, tales como insulina, entre otros. Dejar de tomarlos por fe puede resultar perjudicial, si la fe de la persona no está preparada para hacerlo o simplemente porque el proceso de detener ciertos medicamentos necesita llevarse a cabo bajo la dirección de un profesional médico.

Es comprensible que la mayoría de las personas que han tomado medicamentos durante mucho tiempo no deseen nada más que ser sanos y dejar de tomarlos. Por lo tanto, generalmente desean conocer un enfoque aceptable para depender completamente de la fe y finalmente dejar su dependencia de los medicamentos.

La verdad es que no deseamos caminar en la fe asumida, sino en la verdadera fe que se manifiesta con los resultados tangibles. Si la gente aún no ve resultados tangibles en su cuerpo, entonces deseo sugerirles que hagan tres cosas mientras continúen tomando sus medicamentos:

1. *Tome la medicina de la Palabra de Dios junto con sus medicamentos físicos.* Cada vez que tome su medicamento, lea las Escrituras en voz alta y declare que la Palabra de Dios y sus promesas están obrando como medicamento en su cuerpo

(vea Proverbios 4:20–22). Continúe edificando su fe de esta manera y permita que la medicina de la Palabra de Dios en efecto lo "sorprenda" hasta que la sanidad esté completa. Si toma la medicina de la Palabra de Dios todos los días de esta manera, esta obrará en usted sobrenaturalmente. Además, declare que la medicina física que está tomando obrará en su cuerpo y no contra él, y que usted no sufrirá ningún efecto adverso al tomarla. Yo conozco a muchas personas que lo han hecho y ahora ya no toman medicamentos.

2. *Busque las manifestaciones físicas de la sanidad.* Cuando la medicina sanadora de Dios comience a obrar en usted, la evidencia comenzará a manifestarse visiblemente. Esto a menudo se debe a la disminución de la dependencia de los medicamentos físicos. Posiblemente la dosis de su medicamento físico necesitara ser reducida o su cuerpo comenzará a desestimar la necesidad de ingerir medicamento. Por tanto, continúe tomando su medicamento y permítale a su cuerpo reducir su necesidad mientras la sanidad comienza a manifestarse. Obviamente, su médico necesita confirmarlo si este es el caso.

3. *Haga a su médico partícipe de su decisión de dejar o de cambiar su medicamento.* Esto no quiere decir que un médico deba tener la última palabra en todas sus decisiones médicas, pero usted debe considerar su opinión profesional

acerca de su condición médica y del mejor
momento y método para dejar cierto medicamento. Aunque la última palabra es la suya y
deba mantener en mente la capacidad limitada
de los medicamentos físicos, el proceso de dejar
ciertos medicamentos sin la supervisión médica,
puede provocar efectos adversos. De ahí la
importancia de hablar acerca de los cambios
médicos con un profesional.

Junto con este consejo, permítale al Espíritu Santo darle sabiduría en su corazón. Al
considerar la medicina física con respecto a los
puntos anteriores, permita que Dios le hable a
su espíritu y siga el sonido de su voz. El Señor
en su interior no le permitirá fracasar. Incluso si
toma medicamentos físicos, es importante que
nunca olvide que la ciencia médica solamente
puede responder a un número limitado de problemas. Por lo tanto, haga lo necesario para
cambiar espiritualmente su confianza predominante de la medicina hacia Dios y sus promesas.
Siempre debemos recordarnos que el poder de
Dios sobrepasa todos los remedios naturales y
necesitamos edificar nuestra fe en ello todos los
días.

Escuchar a Dios para tomar decisiones médicas

Todos necesitan tomar decisiones con respecto a la intervención médica correcta. Desde medicamentos sin receta hasta los
procedimientos médicos más complicados, se necesita pensar

qué decisiones médicas son las mejores para nosotros y nuestra familia. Algunas personas incluso toman decisiones médicas con un doctor cuando un ser amado está en un estado grave y el personal médico le pide a la familia dar su consentimiento para algunas cosas. Aunque no siempre haya una respuesta fácil preestablecida, seguir los principios básicos para encontrar la voluntad de Dios que hemos aprendido hasta ahora, además de algunos otros principios importantes, ayudará.

Recursos confiables

El problema de las decisiones médicas más importantes es un área en la que creo que es importante obtener la opinión de aquellos en su vida que tienen un historial de caminar en la voluntad de Dios en su propia vida. Cuando tenemos que tomar una difícil decisión médica, su pastor, sus líderes espirituales de la iglesia y sus amigos cristianos maduros, pueden ofrecerle un consejo sabio. Estos cristianos maduros a menudo pueden hablar de la experiencia, porque tienen en su vida los frutos de las veces en que han tenido que confiar en Dios y sus pasos de fe han demostrado que están en la línea correcta.

Algunas veces cuando la gente se involucra en situaciones en las que deben tomar una decisión médica que necesita una respuesta inmediata, a menudo se sueltan de los recursos confiables. Permanezca en aquello en lo que ha confiado y comprobado en el pasado, y no reaccione fuera de la norma confiable solamente porque los médicos y los familiares pidan una respuesta.

RESPETE AL MÉDICO COMO PROFESIONAL

He visto a muchos buenos cristianos faltándole al respeto a las opiniones y consejos de los médicos, simplemente porque saben que el médico no comprende o no está de acuerdo con el poder sanador de Dios. En nombre de la sanidad y de la Palabra de Dios, tratan a los médicos como si no supieran nada. He visto a buenos cristianos tratar a los médicos como si sus diagnósticos fueran absurdos. Al mismo tiempo, también me doy cuenta de que algunos médicos ignoran el poder milagroso de nuestro Dios.

Cuando su ser amado necesite atención médica y usted esté interactuando con el personal médico, necesita que los médicos estén de su lado, necesita trabajar con ellos. Como cristianos, obviamente conocemos información privilegiada acerca del poder sanador de Jesús, pero necesitamos ser sabios en cuanto a la manera en que es presentada. Necesitamos sabiduría con respecto a cómo presentarle el evangelio a la gente. Seguramente a veces, los médicos intentan llevarnos en una dirección opuesta a Dios, pero debemos tratarlos con delicadeza, incluso cuando no estemos de acuerdo con ellos.

Hace años, cuando mi padre casi moría en un coma clínico, mi familia y yo tuvimos que trabajar con el personal médico todos los días. Respetamos lo que ellos deseaban y hablábamos profesionalmente con ellos acerca de algunas sugerencias (o algunas veces peticiones). Sabíamos que finalmente deseaban hacer lo mejor para mi papá y no podíamos hablarles como fanáticos religiosos. A la vez, sabíamos que algunas veces, el diablo estaba utilizando sus conclusiones médicas negativas para desanimar nuestra fe. Aunque lo decían con buenas intenciones a partir de su perspectiva profesional, nosotros sabíamos que había una guerra invisible en el plano espiritual detrás de aquellas palabras. Sin embargo, debíamos continuar trabajando con ellos y borrar discretamente de nuestra mente que ellos creían que nuestro papá no se recuperaría.

En una ocasión, cerca del momento en que mi papá se levantó de lo que pensábamos que era su lecho de muerte, los médicos deseaban hacerle una traqueotomía. Nos encontrábamos al hilo de la fe para su recuperación. En ese esfuerzo, mi hermana dijo. "Doctor, ¿hay alguna forma de que podamos esperar un día más? Si no mejora como usted desea, estamos de acuerdo con lo que desee hacer". Estábamos pidiendo más tiempo, esperando que Dios interviniera.

¿Sabe usted lo que sucedió? ¡Él mejoró y los médicos nunca le practicaron la traqueotomía! Trabajamos con los médicos y les hicimos saber que apreciábamos su sabiduría y pericia profesional, mientras que a la vez manteníamos nuestra fe. Cuando nuestra fe no iba de acuerdo con lo que los médicos deseaban, discutíamos las cosas con ellos y les asegurábamos que solamente deseábamos tomar decisiones sabias mientras meditábamos en sus consejos.

ESCUCHE A SU ESPÍRITU

Por último, cuando tome decisiones médicas, regrese al principio acerca de escuchar a Dios en su espíritu. Creo que es en esas ocasiones cuando la voz de Dios en su interior se escucha más clara. Algunas veces es con una fuerte sensación de precaución. No debe preocuparse de si sus reservas sean algún extraño tipo de "fobia a los médicos" si es que usted ha decidido apoyar al médico. Más bien, algo en su interior no está cómodo con algún procedimiento médico que el equipo profesional le está recomendando. No debe presentárselos como:

"¡Dios me dijo que no lo hiciera!". Si su espíritu siente reservas al respecto, entonces pregúnteles si es posible que esperen uno o dos días. Siéntase seguro de que el Espíritu Santo le hablará a su corazón para que tome las decisiones correctas.

Dios desea su bien. Para cada persona existe un camino distinto para recibir la voluntad divina de Dios para su sanidad. Dios no se ofende si usted acude al médico, si confía en Él antes que nada y edifica su fe alrededor de ello. Lo que Dios desea verdaderamente es que usted confíe en *Él* mientras se dirige hacia la salud divina.

No tengo duda de que entre más lo hagamos, más viviremos sin enfermedades ni dolencias. ¡También veremos sanidades divinas y milagros!

La voluntad de Dios para usted es la sanidad y si usted lo sabe, ¡entonces no necesita preocuparse de cómo lo va a llevar hacia ello!

Capítulo once

ENCUENTRE LA VOLUNTAD DE DIOS PARA ELEGIR UNA IGLESIA

No dejando de congregarnos, como algunos
tienen por costumbre, sino exhortándonos; y
tanto más, cuanto veis que aquel día se acerca.

Hebreos 10:25

Lo he dicho varias veces a lo largo de mi vida: uno de los lugares más seguros en donde estar en los peligrosos postreros días de los que habla la Biblia, es en una buena iglesia local. Una iglesia local tiene una capacidad muy fuerte de mantener firmes a los cristianos y creciendo adecuadamente en su caminar espiritual.

A menudo aquellos que se desilusionan con una iglesia y dejan de asistir por cualquier razón, tienden a adoptar un enfoque espiritual desequilibrado de las cosas. Incluso si su razón para no asistir a la iglesia fue porque no los trataban bien o se sentían heridos, continúan tendiendo a perder cierto equilibrio en las cosas espirituales.

Cuando no estamos continuamente en contacto con otros creyentes un poco diferentes a nosotros, nunca tenemos la necesidad de adaptar nuestra experiencia cristiana a nadie más que a nosotros mismos. Si estamos lejos de la iglesia no podemos aprender a trabajar con otros en un ambiente espiritual. Tampoco podemos aprender la valiosa lección de someternos a la estructura de la iglesia. Sin ello, el riesgo es que comencemos a pensar que todo lo que estamos haciendo es correcto ante nuestros ojos. Nunca escuchamos una buena conferencia que nos ayude a examinar nuestro propio corazón.

Además, si no asistimos a la iglesia, nuestra vida no está siendo impactada con regularidad por la unción colectiva. Existe algo especial acerca de la unción colectiva. Cambia completamente la perspectiva y nos inunda durante la alabanza o los tiempos de ministración especial. Muchos cristianos que se desconectan de una buena iglesia, parecen perder cierto equilibrio en su visión de las cosas espirituales, porque nunca experimentan la unción colectiva.

Al mirar el Nuevo Testamento, vemos que los primeros cristianos tenían como prioridad reunirse. Existen muchos argumentos acerca de que el ejemplo moderno de la de la iglesia organizada no existía en ese tiempo. Algunos intentan utilizar esto para comprobar que el modelo actual de la iglesia de alguna manera no es bíblicamente coherente y que los grupos en casa son más apropiados.

Sin embargo, vemos que estos primeros creyentes asistían a la iglesia. De hecho, en Hechos 2:46 vemos que se reunían en el templo y en las casas. Sabiendo esto, es lógico que cuando se agregaron a la iglesia 3000 y más tarde 5000 poco después del Pentecostés, estos nuevos cristianos tenían tiempos de reunión colectiva. Creo que se dieron cuenta de cuánto necesitaban esos tiempos de reunión para enfrentar la vida diariamente.

La mayoría conocemos Hebreos 10:25 que dice:

No dejando de congregarnos, como algunos
tienen por costumbre, sino exhortándonos; y
tanto más, cuanto veis que aquel día se acerca.

Observe que dice: *"Como algunos tienen por costumbre"*.
Algunas traducciones dicen: *"Como acostumbran hacerlo
algunos"* (NVI). Incluso en ese tiempo, la gente tenía excusas
acerca de por qué pensaban que necesitaban reunirse o asistir
a la iglesia con otros cristianos. Las Escrituras nos dicen que
no solamente necesitamos reunirnos, sino que lo necesitamos
más ahora que se acerca el final de los tiempos.

No hay duda de que la voluntad de Dios es que encontremos una buena iglesia donde podamos alimentarnos y
experimentar un sano crecimiento cristiano en nuestra vida.
Por supuesto, sé que no todos viven en un lugar donde haya
una buena iglesia o donde abunden las iglesias, pero eso
no niega el hecho de que necesitamos de otros creyentes si
deseamos crecer. Reunirnos con otros creyentes es uno de los
ingredientes necesarios para una sana dieta espiritual. Sin ello,
nuestro crecimiento se atrofiará.

En este capítulo cubriré algunos principios breves para
ayudarlo a encontrar una buena iglesia y también a conocer
cómo escuchar a Dios acerca de la iglesia a la que Él desea que
asista. No solamente *necesitamos* una iglesia, sino necesitamos
ir a donde Dios nos quiere.

Además, hablaré acerca de cómo cambiar de iglesia. Creo
que la gente necesita encontrar una iglesia y, una vez que lo
hagan, asegurarse de establecer raíces a largo plazo. Elegir
una iglesia no es como elegir un restaurante o un banco. Una
vez escuché decir a un hombre: "La iglesia no es solamente
un centro de enseñanza o adoración, es una familia". Eso es

muy cierto. Me asombra cómo aquellos que asisten a la misma iglesia desarrollan un compañerismo especial.

En una iglesia sana, la gente se cuida mutuamente, tal como lo hace la familia. Es por ello que cuando la gente se sale de una iglesia, existe a menudo una sensación de pérdida, como si un miembro de la familia hubiera abandonado ese lazo especial de fraternidad que es único de la familia. No es como cambiar de banco. A la participación en la iglesia la acompaña un vínculo espiritual. Sin embargo, algunas circunstancias pueden hacer que la persona necesite cambiarse a una iglesia diferente, y existe una manera apropiada de hacerlo en el ámbito de la voluntad de Dios.

LO QUE CONFORMA A UNA BUENA IGLESIA

No existe una iglesia perfecta. ¡Encierre a dos humanos en una habitación y ya estamos en problemas! Existirán diferencias de opinión, ideas y valores. Ningún pastor es perfecto, pero tampoco hay ovejas perfectas. De manera que tenemos que darnos cuenta de que no importa la iglesia que escojamos, siempre habrá fallas y siempre habrá cosas que se desviarán de sus preferencias personales. La razón por la que muchas personas se salen de la voluntad de Dios, es porque están buscando un tipo de utopía perfecta. Llegan a una iglesia deseando asegurarse de que cumple con los requisitos de su lista.

Cuando comenzamos nuestra iglesia, nos visitó una familia a la que saludamos después del servicio. En ese tiempo, nuestro ministerio de niños era muy pequeño y casi todos los niños estaban juntos en un grupo, con excepción de los más pequeños. De hecho, solamente teníamos dos salones de niños en ese tiempo: la pequeñísima guardería y un salón más grande para todos los demás.

Le preguntamos a la pareja si les había gustado el servicio, entre otras cosas. La esposa respondió: "Nos gustó mucho, pero estamos buscando una iglesia donde los niños tengan salones separados de acuerdo a su edad". Ella deseaba que fuera como la escuela. Sabía que la iglesia estaba comenzando, pero ese era su requisito, entre otras cosas y, por esa razón, no se quedaron.

En todas las iglesias ha habido gente que, al visitarla, creen que la iglesia no tenía las cosas que para ellos eran importantes. Sin embargo, debemos darnos cuenta de que ninguna iglesia puede ser todo para todos, así que no podemos determinar si una iglesia es buena basados en el hecho de que satisface todas nuestras preferencias personales; no podemos descartarla porque tenga unos cuantos defectos.

Al orar para buscar la voluntad de Dios para usted con respecto a encontrar una iglesia, usted necesita encontrar una iglesia de calidad. Existen algunas características importantes que constituyen una buena iglesia. Estas no son preferencias, más bien la estructura que finalmente hará que la iglesia sea fuerte, sin importar cuán nueva o vieja, pequeña o grande sea. Puede ser que la iglesia tenga un ministerio de niños incipiente, pero si la estructura está en su sitio, aquella es una buena iglesia.

Compartir la Palabra

Esta es probablemente la característica más importante y se desbordara a todas las áreas de la iglesia. El pastor debe ir por delante y asegurarse de que los mensajes y los diferentes medios del ministerio proporcionen una firme nutrición bíblica. Al decir una firme nutrición bíblica y compartir la Palabra, me refiero a que los sermones enseñen y hagan madurar a la gente en las Escrituras, no a los mensajes que solo emocionan sus oídos y llaman su atención.

Algunos predicadores son grandes oradores, pero no alimentan a las ovejas con un verdadero alimento espiritual. Se comparte muy poca Palabra aunque se digan muchas cosas buenas. Si usted está en una buena iglesia, debería comenzar a obtener conocimientos bíblicos. La prédica no debe solamente emocionarlo, sino desafiarlo a cambiar y crecer. Eso lo fortalecerá.

Una vez más, aunque nadie tiene un conocimiento perfecto de la Biblia en todos los temas, la doctrina de la iglesia debe ser completamente firme. Eso no quiere decir que la iglesia no tendrá que crecer a la par que el pastor en algunas áreas de las Escrituras, pero la predicación del pastor debe tener un fundamento doctrinal firme. Hace años yo compartía acerca de cosas que sentía muy fuertemente en ese tiempo, pero ahora en retrospectiva creo que necesitaba mejorar algunos detalles. Aunque había áreas en las que tuve que madurar, mi fundamento doctrinal siempre ha permanecido constante.

El Espíritu Santo es bienvenido

En una buena iglesia se le da libertad al Espíritu Santo. Cada iglesia puede tener una manera diferente de facilitarlos, pero los dones del Espíritu deben manifestarse con regularidad. No creo que eso deba suceder solamente en los servicios principales, sino también en los grupos de discipulado, en el ministerio de niños y en otras áreas de ministerio que la iglesia tenga.

La clave es que aquellos que asistan necesitan aceptar y estar dispuestos a fluir en la línea de la manera en que esa iglesia en particular incorpora la unción. Una iglesia puede hacerlo de una manera, mientras que otra iglesia en la misma calle lo hace de manera diferente.

Por ejemplo, en nuestra iglesia nos encanta la profecía. De hecho, entrenamos a algunas personas en la profecía en sus grupos de discipulado para que puedan desarrollarse en lo profético y ser usados en los diferentes caminos que Dios les abra. Sin embargo, generalmente limitamos la oportunidad de profetizar a aquellos que se han ganado la confianza de las ovejas y a aquellos que están involucrados en el discipulado.

Además, normalmente no permitimos que los miembros de la congregación interrumpan un servicio para dar una palabra de profecía, a menos que les demos la oportunidad de hacerlo; e incluso entonces, generalmente solo permitimos que lo hagan las vasijas de confianza. La mayor parte de la ministración del servicio principal será por parte de los pastores.

Otras iglesias pueden permitir que la profecía fluya de manera diferente y tienen un protocolo diferente para tales cosas, pero la clave es que se le permita al Espíritu Santo fluir y que exista un lugar para recibir la ministración de la llenura del Espíritu.

No intento decir que un método es mejor per se que otro, sino que necesita adaptarse al protocolo de la iglesia donde asista. Al final, lo que en realidad está buscando es que haya un lugar donde se manifiesten los dones del Espíritu y donde fluya la unción.

UN AMBIENTE DE EXCELENCIA

En la actualidad, a muchas iglesias les falta la cualidad de orden y excelencia. No comienzan los servicios a tiempo, la estructura del servicio es caótica y falta orden en los servidores.

En algunas iglesias, no se puede saber quiénes son los ujieres, los salones de niños son un desastre y los interiores necesitan reparaciones. Algunos salones están atestados, las tejas están manchadas y se están cayendo, las baldosas del piso están rotas y hay una falta generalizada de orden. ¡He estado en iglesias en las que apenas funcionan los sanitarios! Esta falta de excelencia en las instalaciones mismas, puede ser perdonable en países más pobres, pero en la mayor parte de los Estados Unidos esto puede evitarse y no representa bien al ministerio.

Cuando el entorno y el orden del servicio son de mala calidad, eso habla de la manera en que la iglesia funciona tras bambalinas. Esta tendencia hacia la falta de orden es más común en las iglesias carismáticas, y les da a los círculos llenos del Espíritu una mala reputación. Distorsiona al Reino de Dios en general.

Comprendo que al crear excelencia exista un proceso. Sé que si una iglesia toma un edificio viejo, le va a tomar tiempo arreglar hasta el último rincón. Sin embargo, representa un problema cuando las áreas que se supone que deben estar "arregladas" siguen luciendo descuidadas. Realmente creo que una falta de excelencia exterior, es un signo visible de una falta interna de excelencia.

Cuando entramos en una buena iglesia, los saludadores, los ujieres, los maestros de niños, el material bien impreso y las instalaciones limpias, deben ser lo primero que nos reciba. Incluso en las iglesias más pequeñas el ambiente debe ser pulido y prolijo y, en general, el horario debe llevarse a cabo en orden.

UNA CULTURA DE INTEGRIDAD

Una cultura de integridad incluye varias cosas. No solamente el pastor y el equipo de liderazgo deben trabajar duro para mostrar integridad al administrar el ministerio, sino también deben mostrar integridad en su vida personal. Una cultura de integridad significa que el pastor no teme esperar un nivel santo en la gente. En la actualidad, algunos pastores no predican acerca de los mandamientos de las Escrituras, hacen que todo suene como sugerencias opcionales, como si el estándar de vida de la gente pudiera ser todo aquello que les parezca apropiado.

Si una iglesia se comporta con integridad, eso será evidente en la atmósfera. Usted podrá discernir si el pastor trabaja duro para vivir una vida limpia y si se asegura de que la iglesia de Dios funcione en una manera ética y bíblica.

EL MINISTERIO SE DESARROLLA CONSTANTEMENTE

Por último, uno de los signos clave de una buena iglesia, es que se desarrollan ministerios para todo tipo de personas. Por supuesto, dependiendo del tamaño de la iglesia, esto puede no incluir todo lo que uno desearía en un ministerio, pero una buena iglesia progresará, porque tiene en mente las necesidades de la gente. ¡El nivel de ministerio de nuestra iglesia en la actualidad dista mucho de lo que era hace diez años! En diez años, habrá muchos más ministerios para satisfacer las necesidades de la gente. La clave es que si el ministerio es un ministerio de calidad, este mostrará un progreso.

Esto no significa necesariamente que la iglesia crezca al doble. A decir verdad, en algunas ubicaciones geográficas es difícil que suceda. Algunas iglesias en lugares remotos en pequeñas comunidades agricultoras no tienen tanta gente de la cual depender. Un mejor signo de progreso es que el ministerio se desarrolle constantemente, de manera que pueda ser más efectivo para aquellos que asisten y sirven, al igual que para la gente de la comunidad. Una buena iglesia hará cambios continuamente para poder asegurarse de que las necesidades de la gente están siendo satisfechas. Eliminará aquello que ha pasado de moda con el fin de abrirle paso a un ministerio fresco e innovador.

Un ejemplo al respecto lo vemos en Hechos 6, cuando los apóstoles tuvieron que elegir a personas que satisficieran las necesidades de las viudas. La iglesia progresó para proporcionar un mejor ministerio para aquellos en necesidad.

Una vez que determine si la iglesia que está considerando es una buena iglesia, puede escuchar más claramente si Dios lo ha llamado a asistir ahí o no.

Cuando las opciones son limitadas

No todos los escenarios tienen la iglesia ideal, de hecho, algunas comunidades ni siquiera tienen una iglesia llena del Espíritu. Así que, ¿qué hacer para permanecer en la voluntad de Dios de asistir a la iglesia si no existe una buena iglesia donde vive?

En primer lugar, comprenda que Dios entiende este dilema en el que se encuentra mucha gente. Personalmente yo me mudaría a un lugar donde existiera una buena iglesia; sin embargo, sé que eso es no es posible para todos por muchas razones. Algunas personas son discapacitadas y ni siquiera pueden salir de casa para asistir a la iglesia. Algunos tienen granjas, otros son adolescentes que viven con sus padres, etcétera. Este grupo no representa la mayoría. Sin embargo, si usted se encuentra en esta categoría en la que no siente que haya una buena iglesia en su área y no pude mudarse a un lugar donde haya una, yo consideraría lo siguiente:

1. *Considere la mejor opción disponible.* Posiblemente exista una iglesia tradicional a la que pueda asistir, que por lo menos le dé una sensación de pertenencia con aquellos que mantienen creencias cristianas. Tener un lugar a dónde ir es útil. Posiblemente existan algunas opciones, incluso lugares llenos del Espíritu, pero ninguno parece satisfacer lo que usted espera. En ese caso, comprenda que Dios lo sabe y que Él puede ayudarlo a crecer incluso en el escenario menos perfecto.

   Sin embargo, si su iglesia no es lo que usted busca, *no* puede esperar ser el factor que produzca un cambio en la iglesia un día. Dios no elige a los miembros de la congregación para iluminar al pastor. Evidentemente, las ovejas pueden interactuar con el pastor y todos podemos crecer al interactuar unos con otros, pero no existe un "llamado" en el que usted deba producir un cambio radical en una iglesia. No importa a que iglesia asista, necesita someterse a la manera en que esta funciona.

2. *Conéctese con los ministerios a través de otros medios.* Existen muchos ministerios en la televisión, en la Internet y en congresos con los que usted puede conectarse o asistir a sus reuniones.

Considere inscribirse a sus boletines. Participar
en uno de estos ministerios, también le dará
una sensación de pertenencia con aquellos que
comparten su misma visión espiritual y ofrecen
la alimentación abundante que usted necesita.
Cuando era adolescente, vivía en una pequeña
ciudad donde no había muchas opciones de
iglesias, pero me inscribí a los boletines de
muchos ministerios internacionales poderosos
y estos me ayudaron a crecer hasta donde estoy
ahora.

3. *Considere hacer un sacrificio especial.* Considere,
si le es posible, conducir distancias más largas
de lo usual hacia una comunidad más grande
donde pueda asistir a la iglesia. Una pareja que
ha asistido a nuestra iglesia desde que comenzamos, conduce desde una comunidad agricul-
tora que está a 100 millas hasta la ciudad. Ellos
asisten casi todos los domingos, si el clima lo
permite, y lo han hecho durante 14 años. Ellos
han decidido que vale la pena soportar la dis-
tancia para asistir a una iglesia de calidad. Hay
otras personas que también conducen cerca de
50 millas para asistir a la iglesia.

¿A qué iglesia me ha llamado Dios?

Cuando en su comunidad existen varias opciones, el siguiente
paso es saber cómo averiguar la voluntad de Dios acerca de la
iglesia correcta. Primeramente debe determinar si aquella que
está considerando, cumple con los requisitos básicos de una

buena iglesia. En segundo lugar, debe recordar que ninguna iglesia es perfecta, al igual que usted no es perfecto, de manera que no conocerá una iglesia sin defectos.

Una vez que ha establecido estos dos criterios, lo cuales muchas personas hacen repetidamente, entonces necesita preguntarle al Señor a dónde lo ha llamado. Comprenda que Dios lo llamará a donde Él sabe que usted florecerá efectivamente y crecerá más espiritualmente. ¡El Señor sabe lo que usted necesita! La iglesia no solamente debe animarlo y sostenerlo, sino algunas veces desafiarlo.

Una vez que ha establecido la iglesia que considera ser una buena iglesia, sabiendo que no existe una perfecta, comience a poner en práctica los principios de este libro para encontrar la voluntad de Dios. Una vez que lo haga, existen dos ingredientes clave para decidir si asistir a esa iglesia. Si usted los mantiene en mente, se sentirá más seguro y no podrá desarraigarse cuando experimente las imperfecciones de la iglesia.

Los dos ingredientes son: (1) la iglesia debe hacer que usted crezca y, (2) la iglesia debe desafiarlo. La razón de la importancia de estos es que son los ingredientes clave que el Espíritu Santo desea en su vida a fin de que pueda crecer. Él desea que usted florezca para que pueda ser utilizado por Él para un buen fin y también desea desafiarlo en sus debilidades. Pregúntese:

¿PUEDO CRECER EN ESTA IGLESIA?

Todos tenemos dones y talentos diferentes. Algunas iglesias resaltan más unos talentos que otros. Desde luego, su iglesia pude no tener aún todo lo que tendrá un día, pero usted debe buscar las formas en las que pueda crecer en esa iglesia. Su primer indicio puede ser el sentirse conectado con la cálida atmósfera amigable de la gente de ese lugar. Ese es un buen indicador de que usted puede crecer ahí, debido a que se siente amado.

Posiblemente esté hambriento por aprender más acerca de los dones del Espíritu y usted sabe que esa iglesia se enfoca mucho en ellos. Entonces puede estar seguro de que comenzará a crecer al entrar en ese ambiente. Usted puede crecer y florecer directa e indirectamente. Directamente será a través de las áreas disponibles en las que puede involucrarse en la iglesia. Indirectamente será lo que reciba al ser parte de ella.

¿CÓMO PUEDO CRECER EN ESTA IGLESIA?

Si usted necesita crecer en el área de excelencia económica y sabe que el pastor habla al respecto en sus mensajes, es posible que la iglesia sea un buen recurso para ayudarlo en esa área. Si usted sabe que tiene el hábito de ocuparse mucho de las cosas no espirituales, posiblemente una iglesia con muchas actividades y áreas de servicio pueda ser lo que necesite para ubicarse en la dirección correcta. Si tiene un hábito de pecado, busque una iglesia que comparta acerca de la vida recta y lo haga responsabilizarse. Si usted tiende a ser fácilmente vencido por la depresión y las emociones, posiblemente necesite una iglesia que lo haga superar ese comportamiento.

Si elige una iglesia porque desea ser desafiado en sus áreas de debilidad y sabe que esta tiene lo que le conviene, usted podrá soportar incluso cuando pase por una "temporada carnal" en su caminar espiritual. No podrá moverse con tanta facilidad en otra iglesia, porque se le dificultará crecer.

Si considera lo que hemos hablado hasta ahora, usted podrá tener éxito en su camino para encontrar la voluntad de Dios para usted con respecto a una iglesia. Una vez que lo haga, eche raíces y permanezca ahí. La mayor parte del crecimiento permanente que se da al asistir a una iglesia, no se da en cuestión de meses. Aquellos que avanzan más son quienes pueden permanecer ahí durante un largo tiempo y adquirir realmente el ADN del ambiente de su iglesia.

LAS RAZONES CORRECTAS PARA ELEGIR UNA IGLESIA NUEVA

La gente siempre pregunta: "¿Será la voluntad de Dios que deje una iglesia y vaya a otra?". Sí, existen razones correctas para cambiar de iglesia y necesitamos hablar brevemente al respecto. Hay mucho debate y resquemor al respecto, pero existen razones válidas para dejar la iglesia actual y asistir a otra. Algunas veces surgen problemas porque la gente se va por las razones equivocadas o algunas veces se van de la manera equivocada. Otras veces, los pastores utilizan maneras erróneas al responderle a la gente que se va.

El asunto es que deseemos actuar bíblicamente en la manera en que manejamos las amadas iglesias de Dios, para así poder permanecer en la voluntad de Dios. Considere dos factores que indican que es momento de cambiarse a una iglesia distinta:

SABORES DIFERENTES

Las iglesias son como el helado. Tienen sabores diferentes, pero siguen siendo helado. Incluso si usted ha estado en una iglesia durante algún tiempo, puede darse cuenta de que las expresiones y direcciones de su iglesia pueden cambiar. Algunas iglesias que eran buenas iglesias al principio, pierden las cualidades de una buena iglesia. En algunos casos, entra un nuevo pastor y cambian la visión y la dirección de la iglesia. Su mismo crecimiento espiritual puede cambiar de una manera diferente al de la iglesia en la que ha estado y posiblemente deje de crecer ahí.

En algunos casos, la gente está en cierta iglesia porque no encontraron una iglesia más adecuada a sus preferencias cuando buscaban una. Abre una iglesia del otro lado de la ciudad y desean ser parte de ella. No creo que el Espíritu Santo se moleste con esas razones para cambiar de iglesia. Él sobre todo desea que nos sintamos satisfechos en nuestra iglesia.

Cambiar de iglesia por los diferentes sabores es una razón aceptable, asumiendo que su sabor no sea uno carnal. Algunos solamente desean regresar al "sabor" de una religión muerta, porque no desean que su carne contraste con la unción del Espíritu en una iglesia. Desean un "sabor" que alimente a su carne. Algunos desean un "sabor" nuevo, porque tienen pecados escondidos y no desean que la gente de su iglesia actual se dé cuenta. A veces la gente desea una nueva iglesia porque no pueden esconder algo o huir de la corrección de su pastor. Sin embargo, cambiar debido a que prefiere meramente otras expresiones está bien.

Un cambio en el corazón

Esta no es siempre una buena razón para dejar la iglesia, pero es una razón necesaria: cuando su corazón ya no se siente conectado con una iglesia, posiblemente sea el momento para cambiar. Si no lo hace, probablemente su corazón se lastimará y entonces puede llegar a encontrar faltas y criticar. Eso *no* es la voluntad de Dios. Si su corazón hacia la iglesia ha cambiado y cada vez que asiste pone barreras mentales, es mejor que planee mudarse.

La clave está en no permitir que su corazón se lastime y no tomar la decisión porque escuchó que alguien habló mal del ministerio. Tome la decisión usted mismo y sin la opinión de otras ovejas desorientadas. Mi consejo es que nunca se vaya con un grupo que decida salirse. Incluso si siente que debe salirse, porque la iglesia o el pastor han caído en pecado o en doctrinas falsas, sea reservado.

Sin importar si su razón para salirse es correcta o no, después de hacerlo, es mejor desconectarse de las demás personas que también lo hicieron. No debe permitir que las razones por las que se salió lo hagan entrar en chisme y lo lleven a salirse de la voluntad de Dios por hablar mal. No debe desagradarle al Señor por difundir cosas negativas acerca de los demás creyentes, pastores o iglesias.

UN CAMBIO DE CASA O DE TRABAJO

Algunas personas cambian de iglesia simplemente porque han sido transferidos en su trabajo. Una vez más, yo me mudaría a un lugar con base en la iglesia que pueda encontrar ahí, pero no todas las profesiones permiten hacer tal elección. Evidentemente, es aceptable y comprensible cambiar de iglesia debido a una mudanza.

ALGO QUE NUNCA ES LA VOLUNTAD DE DIOS

Algo que *nunca* es la voluntad de Dios para cambiar de iglesia es la contienda, la división, el chisme o los intentos organizados de un grupo por herir a la iglesia. Es asombrosa la cantidad de gente que solamente piensa en lanzar odio a las iglesias.

Todos necesitamos que nos recuerden el requisito bíblico del amor y el mandamiento de no difundir chisme contra los demás. La Biblia afirma claramente que no podemos aborrecer o herir a nuestros hermanos y hermanas, y considerarse amigo de Dios (vea 1 Juan 2:9–11; 4:8, 20). De hecho, la Biblia dice que ese comportamiento nos cegará. Mire 1 Juan 2:11, que dice:

Pero el que aborrece a su hermano está en tinieblas, y anda en tinieblas, y no sabe a dónde va, porque las tinieblas le han cegado los ojos.

Es por ello que no deseamos entrar en contiendas ni división con ningún miembro del Cuerpo de Cristo. ¡Eso nos cegará y nos perderemos de la voluntad de Dios para nuestra vida!

No obstante, los cristianos les hacen esto a otras personas y a las iglesias todo el tiempo y no lo ven mal. Creo que muchos están caminando en la oscuridad y ni siquiera se dan cuenta. No saben que están fuera de la voluntad de Dios.

No importa cuál haya sido su experiencia en la iglesia o la razón por la que la dejó, no se salga de la voluntad de Dios solo porque no puede dejar de ofenderse. No espere secretamente en su corazón que su iglesia anterior comience a sufrir un día. Evite conectarse con otras personas que se hayan ido, porque de alguna manera desea sentirse mejor de haberlo hecho.

Si usted ha sido parte de acciones contra su iglesia que hayan producido división, incluso si esa iglesia o pastor estaban claramente en un mal camino, arrepiéntase y manténgase en la voluntad de Dios de amor y unidad del Cuerpo de Cristo. Eso lo mantendrá dentro de la voluntad de Dios.

Dios desea que usted encuentre su voluntad de asistir a una buena iglesia, la clave está en mantener las intenciones de su corazón puras y permitirle a Dios cambiarlo. Al caminar en su recorrido espiritual, esté consciente de que la iglesia, aun con sus fallas, será el lugar más seguro y el ingrediente principal para mantenerse dentro de la voluntad de Dios.

Capítulo doce

CUANDO LA VOLUNTAD DE DIOS NO CONCUERDA CON EL DESEO DE SU CORAZÓN

Si permanecéis en mí, y mis pala-
bras permanecen en vosotros, pedid
todo lo que queréis, y os será hecho

JUAN 15:7

Aunque hemos revisado muchos principios para escuchar y seguir la voluntad de Dios en nuestra vida, necesitamos cubrir un punto importante acerca del carácter de Dios con respecto a su voluntad divina. Antes de hacerlo, revisemos brevemente algunos de los principios clave de los que hemos hablado en este libro para encontrar la voluntad de Dios.

1. *Nunca olvide que puede conocer la voluntad de Dios.* Recuerde que Dios no está intentando esconderle su voluntad. Él se la está mostrando.

2. *Escuche a Dios en su interior.* El Espíritu Santo mora en su interior y Él desea comunicarse con usted directamente. Aprenda a escuchar a su propio espíritu antes de escuchar cualquier otra cosa.

3. *Siempre refiérase a la Biblia.* Lea los versículos que corresponden al área en la cual esté escuchando a Dios. Deje que la Palabra hable.

4. *Escuche a los demás.* Dios utiliza a los profetas y a gente de confianza para hablarle a su vida. Solamente necesita buscar a las personas cuyas intenciones sean puras, de manera que pueda mantenerse en el camino.

5. *Sea sabio con las circunstancias.* A veces, aunque no sea su manera principal de comunicación, Dios utilizará circunstancias para hablarnos. Solamente debemos saber cómo discernir las cosas que Dios esté utilizando para hablarnos.

6. *Reduzca las opiniones.* Algunas veces nos confundimos si escuchamos muchas cosas o a mucha gente. Reduzca su campo de juego a las fuentes más confiables.

7. *Tranquilícese y escuche.* Siempre resulta más difícil escuchar a Dios en medio de una crisis o del caos, cuando estamos alterados. Al tranquilizarnos, estaremos listos para escuchar al Señor.

Al adoptar estos principios, usted aprenderá a escuchar a Dios y a seguir su voluntad como siempre lo ha deseado. Sin embargo, al crecer con Dios, necesitamos darnos cuenta de que nuestra relación con el Señor es mutua. En otras palabras, Dios está interesado en *nuestra voluntad.* Puede estar diciendo: "¿Escuché bien? ¿Quiere decir que a Dios le importa lo que yo deseo?". ¡Sí! Piénselo durante un momento. En el matrimonio entran en juego los gustos, aversiones e intereses de ambos. De eso se trata una relación.

Comprendo que la relación con el Señor es distinta, porque Él es omnisciente. Necesitamos hacer las cosas a su manera, porque Él es más inteligente que nosotros y siempre sabe lo que hace. Al hacer un compromiso firme de seguirlo y obedecerlo, tendremos una vida más segura y plena. Al mismo tiempo, lo que pocos están dispuestos a considerar es que a Dios le importa lo que nos importa a nosotros, cuando eso no viola su Palabra.

Por ejemplo, el Señor sabe que tener un hogar limpio y pulcro es importante para mí. Mi madre era una increíble ama de casa y esta nunca estaba sucia, así es como crecí.

Cuando mi esposo y yo nos casamos fue la primera vez en que yo viví lejos de casa. Durante poco tiempo vivimos en un departamento de dos habitaciones, pero mi esposo quería que compráramos una casa. Comenzamos a buscar, pero las casas que estaban dentro de nuestro presupuesto, digamos que no eran lo que deseábamos. Bueno, ¡eran horribles!

Visitamos muchas casas con alfombras manchadas, terminados rotos y decoración espantosa. ¡Después de verlas le dije a mi esposo que yo ya no deseaba comprar una casa! En la actualidad sabemos un poco más acerca de restauración de lo que sabíamos en ese tiempo, pero *no* somos personas habilidosas cuando se trata de arreglar una casa. ¡A penas podemos instalar un toallero! Además, éramos muy jóvenes y nunca habíamos tenido una casa, de manera que necesitábamos que fuera una casa que no necesitara reparaciones.

Bueno, supongo que alguien se mudó a las casas que vimos, pero yo no pude. Lucían asquerosas y apestosas. Solamente dije: "Señor, sé que no podemos comprar una mejor, pero no quiero una casa si tengo que vivir así".

¿Sabe lo que hizo Dios? Nos mostró una casa junto a la casa de mis padres, con quienes tenemos una fabulosa relación. Había salido al mercado y mi esposo estaba determinado a verla. Yo pensé: *No hay manera de que podamos comprarla.* Estaba miles de dólares por encima de nuestro presupuesto, así que pensé: *De ninguna manera.* No obstante, la vimos y, ¡me encantó! Era pequeñísima, pero era una limpísima casa de muñecas.

Para no hacer el cuento largo, sucedieron varias cosas inusuales, compramos la casa y no ahorcó nuestro presupuesto. ¡Realmente fue un milagro! A partir de esto, ¡me di cuenta de que Dios sabe cuán importante es para nosotros! Dios me dio una linda casa limpia. Año tras año, Él ha hecho lo mismo, porque Él sabe que esa área es importante para mí.

Yo no me exageré en mis gustos, pero Dios sabía que había una casa en la que yo me sentiría cómoda y satisfizo los deseos de mi corazón. Él fue más allá de lo que yo pensaba posible en ese tiempo.

A Dios también le importa lo que es importante para usted. Dese cuenta de que a Dios le encanta su singularidad y está interesado en las cosas que a usted le gustan, mientras esos intereses concuerden con los caminos de Dios. Así que, ¿cómo estar seguros? Existen varios signos importantes.

ESTAR COMPROMETIDO

Si deseamos estar seguros de que Dios se va a involucrar y satisfacer los deseos de nuestro corazón, necesitamos asegurarnos de una cosa importante. Salmos 37:4–5 dice:

Deléitate asimismo en Jehová,
    Y él te concederá las peticiones de tu
corazón.
    Encomienda a Jehová tu camino,
    Y confía en él; y él hará.

A partir de estos conocidos versículos podemos ver que obtenemos los deseos de nuestro corazón, porque estamos comprometidos con el Señor. Me gusta decirlo de esta forma: si nos comprometemos con el Señor, Él se compromete con nosotros. Aprendí que Dios defendió aquello que era importante para mí, porque Él sabía que yo defendía lo que era importante para Él. Él tomó algo tan simple como un deseo por una linda casa limpia y me lo otorgó.

Mire, muchos cristianos nunca están seguros de si Dios está involucrado o de que conozca los deseos de su corazón. No quiere decir que Él no lo esté, sino más bien que ellos no lo ven, porque están muy ocupados enfocándose en sí mismos y no se están asegurando de considerar todos los días aquello que es importante para Dios.

Hace no mucho tiempo, mi esposo y yo nos estábamos riendo con nuestros hijos, bromeando juntos en la noche. Somos una familia a la que le gusta bromear y reír. Todos comenzamos a tranquilizarnos gradualmente para dormir, pero continuábamos bromeando y corriendo de una habitación a otra.

Mientras mi esposo y yo nos alistábamos para dormir, de pronto sentí que el Señor estaba disfrutando nuestro tiempo familiar casi como si quisiera participar en la diversión. Esto puede sonar tonto, pero sentía como si escuchara al Señor decir: "¿Puedo reírme con ustedes también?". Me sentí mal porque nunca pensé en incluir al Señor en la diversión.

Recordé que Dios ama nuestra amistad y desea divertirse con nosotros. Él desea participar incluso en las cosas graciosas de nuestra vida.

Comencé a pensar en todas las cosas que vivimos diariamente de las que descartamos a Dios. Creo que Dios desea nuestro compromiso, porque Él está muy comprometido con nosotros. Él desea que la relación sea mutua a tal grado que pensemos simultáneamente con Él y no consideremos nada sin su intervención.

Cuando estamos comprometidos con el Señor de esta manera, no debemos sentir que obtener las respuestas a nuestras oraciones o permanecer en su voluntad sea un desafío. Esto se debe a que desarrollar una relación nos da una cierta medida de confianza. Si nuestros caminos están comprometidos con Él, *sabemos* que Él hará realidad nuestros deseos.

NUESTROS DESEOS EMULAN SU PALABRA

Muchos de nosotros citamos un versículo poderoso que incluso posiblemente hemos memorizado, acerca de conocer la voluntad de Dios cuando oramos por ciertas cosas.

> Y esta es la confianza que tenemos en él, que si pedimos alguna cosa conforme a su voluntad, él nos oye. Y si sabemos que él nos oye en cualquiera cosa que pidamos, sabemos que tenemos las peticiones que le hayamos hecho.
>
> —1 JUAN 5:14–15

A partir de estos versículos, sabemos que necesitamos pedir cosas que estén de acuerdo con su voluntad. Si deseamos que Dios responda nuestras oraciones o satisfaga los deseos de nuestro corazón, necesitamos asegurarnos de estar alineados con su voluntad.

La primera pregunta que hace mucha gente es cómo podemos asegurarnos de estar en línea con su voluntad perfecta. Claramente, podemos poner en práctica los principios, pero, ¿cómo estar seguros de su voluntad acerca de algo?

Cotejemos el versículo que acabamos de ver con Juan 15:7. Dice: *"Si permanecéis en mí, y mis palabras permanecen en vosotros, pedid todo lo que queréis, y os será hecho"*. Aquí está la respuesta. Debemos estar dedicados a las cosas que dijo Jesús, las cuales hacemos al sumergirnos en su Palabra. En realidad no hay una respuesta mágica. Es una verdad básica de las Escrituras. Necesitamos poner la Palabra de Dios en nuestro corazón a tal punto que se haga realidad en nosotros y que haga que nuestra voluntad y la de Dios sean una.

Lo asombroso es que cuando esto sucede, no vamos por la vida sintiendo que obedecer la voluntad de Dios sea una carga pesada a la que debamos entregar nuestra voluntad, o como si estuviéramos entregando nuestras más preciadas posesiones. Sí, se requiere de un nivel de sumisión, pero lo que este versículo revela realmente es que sucede una transformación en nosotros. ¡Nuestra voluntad se transforma en la voluntad de Dios! En otras palabras, entre más tengamos las palabras de Jesús en nuestro corazón, las cosas de Dios serán más importantes para nosotros. Nuestras prioridades se alinearán con las prioridades del Señor.

Esto no quiere decir que perdamos las cosas simples y coloridas que hacen que nuestra personalidad sea única, como si nos convirtiéramos en un robot. Seguimos teniendo nuestras preferencias, pasatiempos y gustos y aversiones personales, tal como lo que yo deseaba en una casa.

Lo que se transforma son todas las partes carnales de nuestra voluntad. Cuando nos dedicamos a la Palabra de Dios, ¡disminuyen aquellas partes carnales de nuestra voluntad y comenzamos a estar en armonía con la voluntad de Dios sin siquiera darnos cuenta! Cambiamos y ya no deseamos esas áreas carnales. Entonces, cuando oramos, de pronto comenzamos a pedirle a Dios solamente aquello que no está motivado por nosotros mismos, sino aquello que está basado en la Biblia. De pronto dudamos si Dios lo desea para nosotros, ¡simplemente lo sabemos!

Una vez que conozca la voluntad de Dios de esta manera, ¡usted tendrá fe! Orará con un tono diferente de voz. Comenzará a actuar como si sus oraciones ya estuvieran completadas y no dirá cosas como: "Bueno, Dios, si lo deseas". No, sino orará como si ya *supiera* que su petición se realizará. Algo cambia. Su voluntad y la voluntad de Dios comenzarán a concordar y se harán una sola, y no es algo en lo que usted se tenga que esforzar.

Otro versículo que repite esta verdad es 1 Juan 3:22, que dice: "*Y cualquiera cosa que pidiéremos la recibiremos de él, porque guardamos sus mandamientos, y hacemos las cosas que son agradables delante de él*". ¿Por qué guardamos sus mandamientos? Porque estamos sumergidos en su Palabra. Cuando las palabras de Dios están en nuestro corazón, no pecamos, no nos ponemos en peligro ni aceptamos creencias carnales.

Cuando las palabras de Dios moran en nosotros, seguirlo ya no es un pesar. Se convierte en algo natural. Se siente menos como obediencia, incluso aunque se requiera obediencia y se siente más como algo en lo que hemos crecido.

En cierta forma, este es un signo importante de madurez espiritual. Es como la diferencia entre un hijo que ha crecido y tiene una familia propia y cuando ese hijo era pequeño. Después de que ha crecido y tiene sus propios hijos, él comienza a apreciar las cosas que su padre le dio cuando era niño. Entre más madure, más atesorará los valores virtuosos de sus padres. Podemos decir que su madurez está más en línea con la voluntad de su padre. El resultado es una mayor armonía y concordancia.

Al seguir estos principios importantes, verá que tendrá más confianza en su capacidad de escuchar y seguir la voluntad de Dios. Creo que el Espíritu Santo desea que todos los cristianos vivamos en este nivel de confianza. Entonces podremos movernos y operar con Él en armonía.

Por último, deseo animarlo a decirle al Señor cuánto desea seguir su voluntad en su vida. Algo sucede al verbalizarlo, que provoca que tengamos un mayor compromiso en nuestro corazón. Es por ello que Jesús dijo: *"Pero no se haga mi voluntad, sino la tuya"* (vea Lucas 22:42). Él lo estaba verbalizando para reiterarse la importancia de seguir a Dios sin importar lo que sucediera.

Hablar con Dios acerca de cuánto deseamos obedecerlo hace que su unción venga y nos ayude. Incluso las áreas de batalla en nuestra vida, en las que los malos hábitos se han arraigado y evitan que sigamos por completo a Dios, comenzarán a derretirse en su mano. Si existe algún área en nuestro corazón en la que haya resistencia de entregarle algo a Él o ceder el control, hable con el Señor al respecto, porque Él desea ayudarlo a trabajar en ello.

Isaías 41:13 dice: *"Porque yo Jehová soy tu Dios, quien te sostiene de tu mano derecha, y te dice: No temas, yo te ayudo"*. Dios está ahí para ayudarnos en nuestra debilidad y ayudarnos a caminar en su voluntad para siempre. Hable con Él y compártale sus pensamientos y sentimientos. Así abrirá camino para que venga la unción y cambie su corazón, cambie las circunstancias y se mueva por usted.

Estoy sorprendida de todas las cosas por las que he orado así, que han tenido un cambio milagroso en mi corazón. Cosas que me han molestado tanto en el pasado o frustraciones por las que una vez me derretí y hoy me preguntó por qué perdí tanto tiempo preocupándome por ellas. Dios puede cambiar su corazón si usted se lo entrega y habla sinceramente con Él. Algunas veces no oramos por algo, porque no deseamos ser sinceros con nosotros mismos. Está bien, Dios lo sabe de todas formas y entre más sinceramente podamos hablar con Él acerca de dónde estamos, Él podrá ayudarnos más a cambiar y ajustarnos a Él. La clave está en estar dispuestos a cambiar y a ajustarnos, y saber que Él hará el resto.

Mi oración es que usted tenga un sentimiento renovado de confianza hoy al averiguar la voluntad de Dios para su vida en todas las situaciones que le atañan. Posiblemente esté más cerca del plan de Dios para su vida de lo que cree y la ruta hacia su dirección divina está más clara que nunca. Sí, ¡usted está justo donde debe estar y encontrando confiadamente su perfecta voluntad en todas las situaciones!

NOTAS

1. *Concordancia Strong*, Hebreo #7574 de la raíz #7573. Consultado vía QuickVerse versión 2008.

Acerca de Brenda Kunneman

Brenda Kunneman es cofundadora de One Voice Ministries y, junto con su esposo, pastorea la iglesia Lord of Hosts Church en Omaha, Nebraska. Brenda es escritora y maestra. Ministra en varios congresos e iglesias nacional e internacionalmente, predicando y demostrando cómo tener una vida en el Espíritu. Diariamente, miles de personas visitan su página de Internet *The Daily Prophecy* (La profecía diaria). A través de su ministerio, muchas vidas han sido cambiadas por profecías precisas dirigidas a personas e iglesias. Brenda ha escrito varios libros entre los cuales se encuentran: *Descifre la propaganda infernal, Lo sobrenatural en usted* y *Cuando su vida está hecha pedazos* que publica Casa Creación.

PASTORES HANK Y BRENDA KUNNEMAN
IGLESIA LORD OF HOSTS Y ONE VOICE MINISTRIES
5351 S. 139TH PLAZA | OMAHA, NEBRASKA 68137
TELÉFONO: (402) 896-6692 | FAX: (402) 894-9068
OVM.ORG | LOHCHURCH.ORG

Otros Libros de Hank Kunneman

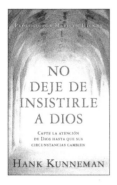

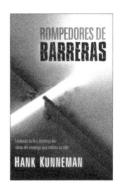

Otros Libros de Brenda Kunneman

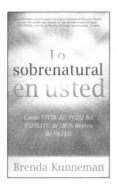

CASA
CREACIÓN
www.casacreacion.com

9827 B